Ein TOM-WAITS-Porträt von Patrick Humphries

GESTOHLENE ERINNERUNGEN

GESTOHLENE ERINNERUNGEN

Ein TOM-WAITS-Porträt von Patrick Humphries

Aus dem Englischen von Albrecht Piltz

Sonnentanz-Verlag

Titel der englischen Originalausgabe:
Small Change – A Life Of Tom Waits
Erschienen bei Omnibus Press, London 1989

ISBN 3-926794-08-9

Gestaltung:	Roland Kron
Satz:	Sonnentanz-Verlag auf Atari/Calamus
Belichtung:	C.F. Rees GmbH, Heidenheim/Brenz
Druck:	HBS-Druck, 8901 Königsbrunn
Bindung:	Augsburger Industrie-Buchbinderei, 8900 Augsburg

1. Auflage April 1991

Fotonachweis:

Peter Anderson	5 / 9 / 26 / 37 / 97 / 119
Adrian Boot	53
London Features International	16 / 31 / 42 / 74 / 92
National Film Archive, London	85 / 101
Palace Pictures	113
Pictorial Press Ltd.	67
Barry Plummer	47 / 58 / 110

Cumbias
LOS TREMENDOS

DANKSAGUNG

Zunächst heißt es für mich, meinen pflichtschuldigen und tiefempfundenen Dank loszuwerden an: Brian Case; Chuck Tatum (R.I.P.); Fred Dellar, der sich selten irrt; die Jump Brothers für Lotsendienste; Philip Hall; Philip Chevron von The Pogues; James Fearnley und Jem Finer für gestohlene Erinnerungen; die Veranstalter der St. Patrick's Night, Brixton 1989; Dan French; Rob Partridge und Marcia von Island Records, London, für Kaffee und Konversation; John Platt; Peter K. Hogan; Peter O'Brien; Roy Carr; John Green, Paul Rayworth und Nigel Simons für *Frank's Wild Lunch* am 3. März 1989; Philip Norman für seine "*Pieces Of Hate*"; Russell Ash und Brian Lake für ihre "*Bizarre Books*".

Dank auch an Kristine McKenna, Gavin Martin, Ted Mico, Chris Roberts, Jack Barron, John Wilde, Sean O'Hagen, Mike Flood-Page, Nick Kent, Dermot Stokes, Edwin Pouncey, David McGee, Barney Hoskyns, Rip Rense und Ann Scanlon für ihre über viele Jahre geführten und in verschiedenen Zeitschriften abgedruckten Interviews mit Tom Waits. Dank, wie immer, an Sue Parr, mein *Jersey Girl – 'cos when I'm with her on a Saturday night, don't you know that all my dreams come true?* Aber auch in den übrigen sechs Nächten der Woche ist sie meine gute Traumfee.

Dank an: Tom, Tom, des Pfeifers Sohn; Tom Traubert; Tom Paxton; Tom Thumb, den kleinen Däumling; Tom Verlaine; Thomas Paine; Tom Tyler; Tom Stearns Eliot; Tom, Dick und Harry; Tom Clancy; Tommy Cooper; Dylan Thomas; den ungläubigen Thomas; Thomas Morus; Tommy Dorsey; Thomas Mann; Tom und Jerry; Tom O'Shanter; Tom Hanks; Thomas de Quincey; Thom Hickey; Onkel Tom (und seine Hütte); Thomas Hardy; Tom Selleck; Tomahawk; Tom Conti; Terry Thomas; Thomas the Tank Engine; Tommy Walker; Tom T.

Hall; Thomas Becket; Tom Berenger; Tommy Gun; Tom Robbins; Thomas von Aquin; Thomas Dylan Brooke; Tomate; Thomas Jefferson; Tom Jones; Tom Dobson; Tom Dooley; Tomcat; Tom Courtenay; Tombola; Thomas Chatterton; *Tom Tiddlers Ground*; Tom Robinson; Edward Thomas; Tom Tom Club; Tom Rush; Tom Sawyer.

Thomas Pynchon; Tommy Trinder; Thomas Cranmer; Tom Johnston; Tommy Steele; Thomas Crown (der noch immer nicht gefaßt ist); Tom O'Connor; Tommy Tune; Tom Morphet; Tommy Nutter; Tom Lehrer; Thomas Burberry; Tom Petty; Rufus und Carla Thomas; Tom Cruise; Thomas Dolby; Nicky Thomas; Thomas Tallis; Sankt Thomas (und sein Hospital), George "Fathead" Thomas; Major Tom.

Plant ya now, dig ya later...
Patrick Humphries

EINFUEHRUNG

Aus abgrundtiefem Seelenschlund knurrt sie herauf, diese Stimme, die sich wie der morgendliche Kater durch die Hirnrinde nagt. Ein '56er Ford Mercury mit kaputtem Auspuff, ein rostzerfressener Topf, der irgendwo in den Bayou-Sümpfen auf dem letzten Loch pfeift. Das Gebrüll des Rausschmeißers zur Polizeistunde, die wahre Stimme von New Orleans. Tom Waits' persönliche Lieblingsformel, mit der er seine tuberkulöse Naturtuba beschrieben hat, lautet: "Louis Armstrong und Ethel Merman, die sich in der Hölle treffen!"

Es fällt schwer, sich einen anderen Tom Waits vorzustellen. Die öffentliche Person Tom Waits kann einfach nur in jenen verräucherten Nachtbars überleben, in denen coole Acoustic-Jazz-Klänge durch den Nebel von ungezählten Marlboros dringen. Jack Kerouac, Nelson Algren, Damon Runyon und Charles Bukowski belfern über einem Würfelspiel, das schon seit zwanzig Jahren andauert. Waits ist der verknitterte Penner in der Ecke, der über einem Klavier hockt, das auch schon bessere Tage gesehen hat – wie der Pianist. Sein Anzug sieht aus, als habe er einer Bande chinesischer Kulis als Sitzmatte gedient. Sein Aschenbecher quillt über, daneben liegt ein vergilbter Stapel Notenblätter, und Waits macht ganz den Eindruck, als kenne er das Tageslicht nur aus ungeliebten Erzählungen und suche seine Zukunft auf dem Grund einer Flasche Bushmills.

Tom Waits könnte genau der Typ sein, vor dem Marlon Brando in "Guys And Dolls" ["Schwere Jungen, leichte Mädchen", Musical von Joseph L. Mankiewicz, USA 1955; Anm. d. Übers.] von seinem Vater gewarnt wird: "Junge, egal, wie weit du kommst und für wie clever du dich hältst – denk immer an das, was ich dir jetzt sage: Irgendwann und irgendwo wird ein Kerl zu dir kommen und dir einen wunderhübschen und funkelnagelneuen Pack Spielkarten unter die Nase halten, an dem natürlich das Siegel völlig unversehrt ist, und dieser Bursche wird dir einzureden versuchen, daß du nur zu setzen brauchst, und schon wird der Pik Bube aus dem Stapel raushüpfen, und du wirst bis zum Hals in Geldscheinen stehen. Aber laß dich nicht drauf ein, denn eines, Junge, ist so sicher wie das Amen in der Kirche: Klar wirst du bis zum Hals in irgendwas stehen, aber es wird kein Geld sein!" Über Chuck E. Weiss äußerte Waits, er sei von der Sorte gewesen, "die dir einen Rattenarsch als Hochzeitsring andreht – und ich war von genau der Sorte, die gleich ein Dutzend davon bestellt."

Tom Waits, der Beat-Penner – das war ein Image, das sich hartnäckig behauptete, obschon Waits es heute als pure Erfindung abtut. Dabei war er von frühester Jugend an ein begabter Selbstdarsteller, der von sich mit Vorliebe das Bild eines ständigen Kneipenbewohners und besoffenen Schwadronierers zeichnete, eine Rolle, die er nicht nur auf der Bühne überzeugend durchzuhalten verstand. Kurioserweise erweist er sich, wenn er nicht gerade vollauf damit zu tun hat, diese Rolle bis an ihre Grenzen auszureizen, als schüchterner Zeitgenosse, zurückhaltend und in sich gekehrt.

Der Tom Waits, den ich zum ersten Mal in London traf, als er sich ein paar Tage von den Dreharbeiten für den Francis-Ford-Coppola-Film "One From The Heart" freigenommen hatte, war ein zuvorkommender und umgänglicher Mann, der die schlanksten Finger besaß, die ich je gesehen hatte. Unser Treffen endete damit, daß ich ihn zu einigen Londoner Plätzen kutschierte, von denen ich annahm, daß sie ihm gefallen würden. Ich zeigte ihm das **Imperial War Museum** in Lambeth, den einstigen Sitz des *Bedlam* ["Hospital of St. Mary of Bethlehem", das ab ca. 1400 als Irrenhaus diente; Anm. d. Übers.], wo die Adligen des 18. Jahrhunderts Eintritt zahlten, um die unglücklichen Irren herumtoben zu sehen. "Und dieser Stadtteil heißt Bedlam?" erkundigte sich Waits mit vor Interesse weiten Augen; schließlich hatte er einmal behauptet, an der Ecke Bedlam/Squalor zur Miete gewohnt zu haben.

Das Mittagessen im "Charles Dickens" am St. Katharine's Dock war nicht nach Toms Geschmack; die philippinischen Kellnerinnen gerieten mit ihm in einen Disput über Fisch. (Waits: "Auf was für 'ner *Scholle* sind wir denn hier?") Waits wünschte Fisch ohne Gräten; unmöglich, konterte die Kellnerin, sie könne ihm aber Fisch *mit* Gräten servieren, die der Gast dann selber entfernen dürfe. "Aber ich will was, wo noch nie eine Gräte drin war..." Während der Gefechtspausen dieses Zermürbungskriegs war er voll des Lobs für Coppola und sprach voller Zärtlichkeit über seine Frau Kathleen, mit der er seit sieben Monaten verheiratet war. "Sie wollte eigentlich Nonne werden, aber dann hat sie mich geheiratet, also könnte man sagen, daß ich sie dem Allerhöchsten weggeschnappt habe." Ein anderes Thema, das ihn interessierte, war die konkurrenzlose Popularität weiblicher Nachrichtensprecher. "Die Leute hören schlechte Nachrichten eben lieber aus einem schönen Mund."

Fasziniert zeigte er sich von Jack The Ripper und dem Skelett des Elefantenmenschen. Und gesteigertes Interesse ließ er erkennen an der bevorstehenden königlichen Hochzeit von *Shy Di* mit jenem Mann, dessen Name eines Tages jeden öffentlichen Briefkasten in England zieren wird. "Ist sie noch Jungfrau?

Findet während der Flitterwochen 'ne Parade zu Ehren der Königlichen Vögelei statt?"

Wie Banquos Geist spukte der Fisch durch unser Gespräch ("ich kannte mal einen Lehrer, der an 'ner Fischgräte erstickt ist"): Das Petersfisch-Menü reizte ihn, ich kramte aus meinen spärlichen Bibelkenntnissen Geschichten hervor, in denen Jesus Christus in Galiläa herumvagabundierte und für seine Schüler Fisch zubereitete, und der Fisch, den er dafür auswählte, war natürlich unser Petersfisch, mithin verweist seine charakteristische Körperzeichnung, wenn man der Legende glauben will, auf jene Stellen, an denen er vor dem Kochen vom Sohn Gottes mit der Hand berührt wurde. ("Aha, 'Petersfisch in Zitronensauce' – und du meinst, der ist mal von Jesus Christus gebraten worden?")

Mit jenem Autor zusammenzusitzen und zu reden, der einige der ergreifendsten Songs der siebziger Jahre komponiert hatte, war eine Freude. Obwohl es ein Leichtes für Waits gewesen wäre, sich hinter dem Schutzschild "Künstler" zu verschanzen, ging er bereitwillig auf jeden Song ein, an dem ich Interesse zeigte, und legte dabei genau das richtige Maß an Charme, Witz und Anteilnahme an den Tag. In den folgenden Jahren wurde Waits auf der ganzen Welt zu einer Kultfigur der Rockmusik – einer, von dem man es kaum erwartet hätte, ein an Gershwin und Cole Porter, Kerouac und Bukowski geschulter Songschmied. Überdies ist Waits einer der wenigen Vertreter des Rock'n'Roll, der den Schritt in eine wenn auch eher anfallartig betriebene erfolgreiche Filmkarriere geschafft hat. Ausgelöst wurde sie durch seinen eindrucksvollen Auftritt neben den Oscar-Preisträgern Jack Nicholson und Meryl Streep in dem ansonsten ziemlich erbärmlichen Kinostreifen "Ironweed". Dann ist da noch sein Platten-Œuvre, von den Kneipenballaden seines Debüts "Closing Time" über die weit ausholenden und wortreichen Songstories seines Meisterwerks "Small Change" bis hin zu seiner ikonoklastischen Trilogie der achtziger Jahre – "Swordfishtrombones", "Rain Dogs" und "Franks Wild Years".

Gepriesen wurde Tom Waits von Elvis Costello und den Pogues, seine Songs wurden gecovert von Stars wie Bruce Springsteen, The Eagles, Marianne Faithfull, Tim Buckley, Paul Young, Bette Midler und Rod Stewart, und während dieser ganzen Zeit schaffte er es, daß sein Witz so scharf blieb wie die Klinge eines Samuraischwerts. Waits hat mehr Bonmots auf die Menschheit losgelassen als Groucho Marx und sich dabei von Sam Spades und Sky Mastersons illegitimem Sohn zum glücklich verheirateten Vater zweier Kinder entwickelt, dessen Name von den Reklametafeln der Konzerthallen in aller Welt leuchtet.

Als Performer gab Waits der Rockmusik den Spaß zurück zu einer Zeit, als sie nichts dringender benötigte. Das erste Mal, daß ich ihn live sah, war 1976 im "Old Grey Whistle Test", der BBC-Fernsehshow für "erwachsene" Rockfans. Das war noch vor dem großen Durchbruch des Punk, und der Moderator der Show, Bob Harris, saß auf seinem Schemel und stellte eine Reihe angeblich "progressiver" Rockgruppen vor, die sich durch lange Haare, Bellbottom-Jeans und betont "ernsthaftes" Auftreten auszeichneten und problemlos in zwei Kategorien eingeordnet werden konnten: 1. Bands, die noch immer Alec Douglas-Home [englischer Premierminister 1963–64; Anm. d. Übers.] für den

Premierminister hielten und die nicht mehr vom Leben erwarteteten, als daß die Fans ihre einzige Bitte erfüllten, die da lautete: *"Let's booooooogie..."*; 2. Individuen, die aussahen wie Arbeitslose, die ihren Zivildienst bei der wahrlich hilfsbedürftigen Kapelle Gong abgeleistet hatten und nun ihren Gitarren und Tasteninstrumenten Geräusche entlockten, die wie ein Soundtrack für den Kongreß der Katzenwürger klangen.

Ganz offensichtlich hatte Harris, als er Tom Waits ankündigte, nicht den leisesten Schimmer, was da in sein Blickfeld gewankt war. Der Schock, um Vivian Stanshalls unsterbliches Wort zu zitieren, war derselbe, "als würde einem auf 'ner Schwulenfete aus heiterem Himmel eine Salami überreicht". Waits hechelte durch eine majestätische Version von "Tom Traubert's Blues" und stürzte sich dann in ein nicht weniger atemloses "The Piano Has Been Drinkin'". Wer war dieser Bursche? Einer mit Pathos und Witz, einer, der aussah wie der Streikposten vor einem Emerson Lake & Palmer-Konzert, und der so klang, als habe er seit 1959 kein Auge mehr zugetan.

Tom Waits wurde für mich zu einer Art fixer Idee. Ich sezierte seine Interviews auf Einzeiler, die ich vielleicht irgendwo anbringen konnte, verfiel zu später Nachtstunde unter den Klängen von "Small Change" in schiere Sentimentalität und fiel meiner Umgebung mit Versuchen, jedermann und jedefrau zu Tom Waits zu bekehren, gehörig auf die Nerven. Waits schien in seinen Songs irgendeine Wahrheit zu verkünden; seine Reportagen aus der Welt jener, denen eine Gesellschaft, die den Erfolg und den Erfolgreichen vergötterte und sich einen Dreck um ihre Versager kümmerte, das Rückgrat gebrochen hatte, waren rührend, aber nicht rührselig. Waits verherrlichte die Armut nicht, er akzeptierte lediglich, daß es sie gab, und identifizierte sich mit all jenen, denen nichts anderes blieb, als ihr eine bescheidene Existenz abzuringen. Allzu viele Singer/Songwriter schrieben Songs über die in dieser Gesellschaft Zukurzgekommenen, aber man konnte sich des Eindrucks nicht erwehren, daß ihre Songs zustandekamen, nachdem sie sich zu später Stunde durch einen Rotlichtbezirk hatten chauffieren lassen, um die Säufer und Penner durch die Rauchglasfenster ihrer häuserblocklangen Limousinen zu beäugen. Bei Waits hingegen hatte man das Gefühl, daß der Dreck unter seinen Fingernägeln echt war.

Andererseits wußte ich, wieviel Humor Waits besaß; er reizte mich zum Lachen in einer Zeit, als es in der Rockmusik wenig zu lachen gab (abgesehen vom jeweils neuesten Jon-Anderson-Soloalbum). Waits schien zu jener Gattung zu gehören, deren Anspruch ans Leben sich kurz und bündig zusammenfassen ließ: *"Let me entertain you..."*. Seine Sprüche kamen schneller als aus der Laserkanone eines Star-Wars-Kriegers, seine Pointen trafen so zielgenau, als sei Harpo Marx von seinem Schöpfer zu guter Letzt doch noch eine Stimme geschenkt worden. Hier ist sie, die Tom-Waits-Puppe, nur für euch ältere Kinder, zieht sie auf und paßt nur auf, wohin sie läuft, denn sie könnte mit ihrer Zigarette auf euer wertvolles Sofa aschen – aber wetten, daß ihr euch den Bauch dabei haltet vor Lachen?

Waits macht weiter in seiner nunmehr fast zwanzig Jahre andauernden Karriere, die keinerlei Anzeichen von Stagnation erkennen läßt. Kritiker haben versucht, ihn festzunageln und für sich zu vereinnahmen – aber nicht mit Waits! Zitate aus Interviews mit einem Tom Waits, der so wild entschlossen war wie die Beatles in ihrer Hamburger Zeit, allen zu zeigen, was eine Harke ist, sollten mit der nötigen Prise Salz, besser noch: mit einer Wagenladung Salz, genossen werden. Zum Beispiel dieses: "Wie ich um die Armee herumgekommen bin? Ich war in einem israelischen Kibbuz. Nein, das ist gelogen. In Wirklichkeit war ich Bürobote im Weißen Haus. Ich kriegte 'ne Entschuldigung, genau so eine, wie man sie für die Schule bekommt: Sehr geehrter Herr Präsident, Tom ist krank und kann heute leider nicht kommen..."

Tom Waits kann ein unverbesserlicher Provokateur sein, aber auch ein wortgewandter Poet, wenn er sich bemüht, das, was in seinem Kopf vor sich geht, aufzuhellen: "Mein Gedächtnis ist für mich keine Quelle von Kummer und Schmerz. In manchen Teilen sieht's aus wie in einer Pfandleihe, andere ähneln einem Aquarium, und wieder andere sind wie 'ne Rumpelkammer. Ich denke, es gibt da irgendwo einen Ort, wo sich deine Erinnerungen verzerren wie in einem Spiegelkabinett, und das ist der Bereich, der mich am meisten interessiert."

Dieses Buch über Tom Waits zu schreiben machte mehr Spaß, als ich zu hoffen gewagt habe; ich wünsche mir nur, daß ein bißchen von diesem Spaß im Text rüberkommt. Tom Waits um sachdienliche Auskünfte über seine Vergangenheit zu bitten, ist allerdings dasselbe, als würde man Kaiser Nero nach seinen Ansichten zur Stadtsanierung befragen – beide betreiben eine Politik der verbrannten Erde.

Ich habe mein Möglichstes getan, die Spreu vom Weizen zu trennen und aus den Geschichten, die Waits mir und anderen Journalisten über sein Leben aufgetischt hat, die halbwegs gesicherten Fakten herauszufiltern. Wenn ich mich dabei häufig auf wortgetreu übernommene Waits-Zitate stütze, so geschieht das nicht aus Faulheit – als Erfinder geflügelter Worte ist der Mann einfach unwiderstehlich! Um eine alte Waits-Analogie zu bemühen: Musik und Leben von Tom Waits zu erforschen, war wie das Spiel an einem dieser alten Greifautomaten auf der Kirmes – man hat seinen Obolus entrichtet, aber statt der billigen Süßigkeiten und Freundschaftsringe, mit denen man normalerweise abgespeist wird, fischt der Arm diesmal Gold, Weihrauch und eine winzige Spur von Myrrhe heraus.

Das ist auch der Grund, weshalb ich diesem Buch den Untertitel "Ein Tom-Waits-Portrait" gegeben habe – in dem alten *Rain Dog* stecken noch weit mehr Leben, als in *einer* Biographie dargestellt werden können. Dies ist nur eines davon.

"Lügst du immer?" – "Nein, nein, ich sage immer die Wahrheit, außer zu Polizisten. Das ist ein alter Reflex."

"Über die eigene Arbeit zu sprechen, ist immer so schwierig. Es ist so, als ob ein Blinder versucht, einen Elefanten zu beschreiben. Meistens erfindet man den größten Teil hinzu." Danke, Tom. Hier kommt der Elefant...

EINS

"...und ich schlurfte hinter ihnen her, wie ich mein ganzes Leben lang hinter Leuten hergeschlurft bin, die mich interessieren. Denn die einzig wirklichen Menschen sind für mich die Verrückten, die verrückt danach sind zu leben, verrückt danach zu sprechen, verrückt danach, erlöst zu werden, und nach allem gleichzeitig gieren – jene, die niemals gähnen oder etwas Alltägliches sagen, sondern brennen, brennen, brennen wie phantastische gelbe Wunderkerzen, die gegen den Sternenhimmel explodieren wie Feuerräder, in deren Mitte man einen blauen Lichtkern zerspringen sieht, so daß jeder 'Aahh!' ruft."

Jack Kerouac, *On The Road*, 1957

(zitiert nach der dt. Ausgabe: Unterwegs, rororo 1035, Reinbek 1968, S. 11)

Oder, mit den Worten von Tom Waits, der dich, das Gesicht halb verborgen unter einem verschlissenen Filzhut, von unten her beäugt: "Ich wurde auf dem Rücksitz von einem Yellow Cab geboren, in der Be- und Entlade-Zone eines Krankenhauses und mit einem Taxameter, das immer weiterlief. Als ich raus war, hatte ich das Gefühl, ich bräuchte erst mal 'ne ordentliche Rasur, also rief ich: 'Times Square – und drück auf die Tube!'"

Oder, in nüchternerer Prosa: Thomas Alan Waits riskierte seinen ersten vorsichtigen Blick auf die Welt am 7. Dezember 1949. Im Weißen Haus saß Truman, und Radios, die wie Mahagoni-Sideboards aussahen, spielten Schmusesongs wie "Buttons And Bows" und "Baby, It's Cold Outside". Keine Frage, die Welt war gerade für die Demokratie gerettet worden, aber versuchen Sie mal, ein ordentliches Paar Schuhe zu bekommen!

Für alle Amerikaner dieser Ära war der 7. Dezember, wie Präsident Roosevelt ihn nannte, "für alle Zeiten ein Tag der Schande". Diese Schande hatte allerdings nichts mit Mr. und Mrs. Waits aus Pomona, California, oder ihrem neugeborenen Sohn zu tun, sondern bezog sich auf jenen Tag vor acht Jahren, als am Himmel über Pearl Harbour japanische Flugzeuge gedröhnt und Amerika dazu gezwungen hatten, sich eher widerwillig in den Zweiten Weltkrieg einzumischen.

Tom war der einzige Sohn der Waits (er hat noch zwei Schwestern). Nach seiner Geburt zog die Familie immer wieder um, und so lernte Tom in seiner Kindheit und Jugend den gesamten Süden Kaliforniens kennen. Die Waits lebten einige Zeit in San Diego, dann in Laverne, Pomona, Silver Lake und North Hollywood. Für eine Weile ließ sich die Familie in Whittier nieder, einer Kleinstadt östlich von Los Angeles, die ihren Anspruch auf nationalen Ruhm hauptsächlich darauf gründen konnte, daß dort ein gewisser Richard M. Nixon geboren worden war. Nach seiner Wahl zum Präsidenten der Vereinigten Staaten hatte die Stadt sogar vor, ihren Lieblingssohn mit einem Richard-M.-Nixon-Museum zu ehren, aber nach Watergate wurden die Pläne fallengelassen und das Grundstück in einen öffentlichen Park umgewandelt.

Beide Eltern von Tom waren Lehrer. Sein Vater unterrichtete eine Zeitlang Spanisch an der Belmont-Highschool, und so sickerte diese Sprache auch in den Familienalltag ein. Zwar hat Tom Waits es erfolgreich verstanden, die Spuren seiner Kindheit zu verwischen, aber nach allen bekannten Informationen wuchs er in einem ganz normalen Mittelschichtszuhause auf – wenn ihm auch später einmal herausrutschte, sein Vorbild sei Pinocchio gewesen!

Waits' Eltern wurden geschieden, als er noch zur Schule ging. In einem Interview, das ich mit ihm führte, erzählte er: "Mein eigener Background war ziemlich mittelschichtsmäßig. Ich war ganz wild drauf, da rauszukommen. Meine Eltern wurden geschieden, als ich zehn war, mein Vater ist ungefähr dreimal verheiratet gewesen, und meine Mutter hat schließlich einen Privatdetektiv geheiratet. Ich hing zu Hause rum mit diesen drei Frauen – mit meiner Mutter und meinen zwei Schwestern –, und obwohl sie da waren, war ich sehr viel allein."

Nach der Scheidung der Eltern ließ sich Toms Mutter mit den Kindern in National City nahe der mexikanischen Grenze nieder, aber das frühere Wanderleben der Familie hatte Tom längst auf den Geschmack gebracht und in ihm eine Liebe zu exotischen Städtenamen und ein Gefühl für die Größe Amerikas und seine Kontraste geweckt.

Toms Familienstammbaum hat Wurzeln in verschiedenen Ländern. Die Familie seiner Mutter stammt aus Norwegen, die seines Vaters kann schottische und irische Ahnen vorweisen – ob Irland aus diesem Grund eines von Toms Lieblingsländern ist? Sein Großvater väterlicherseits wurde auf den Namen Jesse Frank Waits getauft und verdankt seine beiden Taufnamen somit den berüchtigten Outlaws aus dem Wilden Westen, den Gebrüdern James. Und, nicht zu vergessen, auch Toms Vater heißt Frank!

Anders als viele seiner Zeitgenossen aus der Rockwelt (Robert Zimmermann, David Jones) hatte es Waits nicht nötig, sich ein Pseudonym für seine Karriere zuzulegen. Ebenezer Cobham Brewer, Chronist des 19. Jahrhunderts: "Der Name Waits ... stammt von jenen Nachtwächtern vergangener Tage her, die *waits* genannt wurden und in ein Horn bliesen oder eine Melodie spielten, um die verstreichenden Stunden anzuzeigen. *Waits* wurden ebenso am königlichen Hof beschäftigt, um 'die Uhrzeit zu blasen', wie vom Magistrat der Städte... Darüberhinaus spielten *waits*, wie es ihre Pflicht war, als uniformierte Kapellen auf den Festen ihrer Städte und traten auch zur Weihnachtszeit in der Öffentlichkeit auf..."

Der musikalische Background der Familie Waits aus Pomona war eher dürftig; der erste Song, den Tom seiner Erinnerung nach zu hören bekam, war eine traditionelle Ballade aus Dublin, "Molly Malone". Toms Vater spielte Gitarre, und eine von Toms frühesten musikalischen Erinnerungen ist, wie er mit seinem Vater im Auto herumfuhr und aus dem Radio mexikanische Musik tönte: "*mariachi, ranchera, romantica.*" Seine Mutter sang "in einer Art Andrews-Sisters-Quartett", und Waits erinnert sich, wie er behauptet, auch "an einen Onkel, der in der Kirche Orgel spielte. Sie überlegten sich ständig, ob sie ihn nicht durch jemand anderen ersetzen sollten, weil er an jedem Sonntag mehr Fehler machte als am Sonntag zuvor. Irgendwann hatte er es so weit gebracht, daß sein 'Onward Christian Soldiers' mehr wie 'Le Sacre Du Printemps' klang, und da mußten sie ihn schließlich rauswerfen."

Angesichts der Tatsache, daß die Familie, während Tom aufwuchs, ständig umzog und die Eltern geschieden wurden, bevor er das Teenager-Alter erreicht hatte, ist es vielleicht keine Überraschung, daß er sich so früh zum Barden der Beat-Generation hingezogen fühlte, jenem "traurigen, sonderbaren, einzelgängerischen katholischen Mystiker" Jack Kerouac.

"Ich schätze, jeder liest irgendwann in seinem Leben Jack Kerouac. Obwohl ich im Süden von Kalifornien aufwuchs, machte er einen ungeheuren Eindruck auf mich. Das war 1968. Ich besorgte mir 'ne dunkle Brille und abonnierte 'Down Beat'... Ich war ein bißchen spät dran, Kerouac starb 1969 in St. Petersburg, Florida, als verbitterter alter Mann."

Auf die Frage, ob Ann Charters' Biographie – in der die Autorin nachweist, daß Kerouac einen großen Teil seines Lebens tatsächlich in der guten Stube seiner Mutter zugebracht hat – für ihn den Mythos vom *King of the Beats* nicht zerstört habe, antwortete noch der erwachsene Tom Waits: "Nein, ich sehe eher die andere Seite. Er war sicher kein Held ohne Fehl und Tadel. Aber er hat 'ne Menge erlebt und ist schon rumgekommen. Er war natürlich nicht annähernd so verrückt und wild wie Neal Cassidy."

Der Konformitätsdruck des Fünfziger-Jahre-Amerika fand sein notwendiges Ventil in den Schriften der Beats, der verhaltenen Rebellion von James Dean und im Aufruhr jener rauhen Rock'n'Roll-Klänge, die aus den Radios dröhnten. Die Botschaft, die daraus sprach, lautete "Freiheit!", und sie wurde begierig aufgesogen von allen, die eine Zukunft so schnurgerade wie der Schienenstrang einer Vorstadtbahn vor sich sahen und nicht im mindesten scharf darauf waren.

"Die Fünfziger brachten uns Joe McCarthy, den Korea-Krieg und Chuck Berry", erklärte mir Waits. "Mein eigener Background war ja ziemlich mittelschichtsmäßig. Ich war ganz wild drauf, da rauszukommen... Ich liebte Kerouac von dem Moment an, als ich ihn zum ersten Mal las, was zu einer Zeit war, als ich schon bei Lockheed Aircraft, in einem Juwelierladen oder in einer Tankstelle hätte gelandet sein können – verheiratet, drei Kinder, und man liegt faul am Strand rum... 'Ne Menge Amerikaner sind abgehauen, raus *on the road*. Sie haben sich in einen Wagen geschmisssen und sind losgefahren, 3000 Meilen weit, nach Osten oder Westen."

In einem Interview mit Kristine McKenna beschrieb Waits 1983 mit ebenso nachdenklichen wie anschaulichen Worten den Einfluß, den Kerouac auf ihn als Teenager gehabt hatte: "Er hatte einen Hocker an der Bar, und niemand saß drauf, außer Jack... Er schrieb an seinem eigenen Nachruf von dem Moment an, als er mit dem Schreiben anfing, und ich glaube, er wurde auf tragische Weise von seinem eigenen Schicksal verführt – obwohl ich eigentlich nicht qualifiziert bin, darüber zu urteilen... Ich kann jedenfalls mit seinen Impressionen von Amerika mehr anfangen als mit irgendwas im 'Reader's Digest'. Das Geschrei der Leute in der Kneipe nach Feierabend, das Schuften für die Eisenbahn, das Leben in billigen Hotels, der Jazz."

Kerouac: der Boswell der Beat-Generation, dessen beste Texte die manische Energie einfingen, die knallfroschartige Ruhelosigkeit der Beats, und dessen atemlose Prosa die Ausdehnung und die Weite und das Potential eines Amerika vermittelten, das von der grauen Konformität der Eisenhower-Jahre allmählich abgewürgt wurde. In seinen besten Büchern übertrug Kerouac dieses Sich-gehetzt-Fühlen auf seine Leser – ein Gefühl mit Wurzeln im Bebop-Jazz und im Bebop-Slang, Bücher, in denen "Die Straße" der Schlüssel zum Himmelreich war; in der Gesellschaft vagabundierender Freigeister konnte sie einen überallhin führen.

In "Quest For Kerouac" notierte Chris Challis: "Amerikanische Autoren haben sich stets mit der Weite ihres Landes auseinandergesetzt: Chingachgook und Uncas, die Tag für Tag mit leichtem Fuß durch jungfräulichen Urwald traben; Huck und Nigger Jim, die unter dem Sternenhimmel auf einer großen natürlichen Wasserstraße gen Süden treiben; Melvilles Matrosen, weiße und schwarze und rote, die den Pazifik als vorgeschobenste Grenze Amerikas in unserem Bewußtsein verankern. Die Beats folgten dieser Tradition, jedoch auf einer Stufe, die erst durch die Nachkriegstechnologie möglich wurde: die Canestoga, der stolze Segler, machte dem Greyhound, dem Automobil, dem Flugzeug Platz. Was bleibt, ist das Bedürfnis, den Respekt davor in Worte zu fassen."

Tom Waits saugte Kerouac auf wie ein Schwamm und berauschte sich an der Beat-Mythologie; sein absolutes Lieblingsalbum ist bis heute Kerouacs 'Blues And Haikus' von 1960. Kein Wunder, daß er anläßlich seines eigenen New Yorker Debüts Mitte der siebziger Jahre stolz war, den Saxophonisten Al Cohn, der auf dem Kerouac-Album gespielt hatte, in seiner eigenen Band zu haben. Waits' Kerouac-Verehrung hatte jedoch nichts mit blindem Idolkult zu tun; instinktiv identifizierte er sich mit dem verzweifelten Bemühen des Schriftstellers, der lebensabtötenden Provinzialität der amerikanischen Mittelschicht zu entrinnen. Ironischerweise war es genau diese Provinzialität, die den Autor Kerouac erst hervorgebracht hatte und in die er am Ende seines Lebens zurückkehrte.

Als Waits Anfang der siebziger Jahre auf der Schwelle zum ersten Erfolg stand, verkündete er mit stolzgeschwellter Brust, er habe "die Sechziger verschlafen". Und das war nicht bloß ein Ausdruck von Geringschätzung, es war Ketzertum. Die Ikonen und Idole der Sixties machten ihren Einfluß bis weit in die siebziger Jahre hinein geltend, aber Waits schwamm, typisch für ihn, gegen den Strom, indem er auf Vorbilder aus früheren Zeiten zurückgriff: "Irgendwie fühlte ich mich in den Sechzigern verloren... Ich bin erst nach San Francisco gegangen, als diese ganze Love-&-Flowers-Geschichte vorbei war, und als ich hinkam, hab' ich nur nach dem City-Lights-Buchladen und den Spuren von Jack Kerouac gesucht."

Ohne Zweifel hatte Waits sein Image zu Beginn seiner Karriere eher der Beat-Bohème zu verdanken als dem angesagten relaxten *California Chic*. Als Teenager nahm sich Waits einen Chevrolet-Kombi und durchquerte die Staaten von einer Küste zur anderen – auf der Suche nach Jack Kerouac. Das Radio voll aufgedreht und alle Sender, die dem damaligen Psychedelic-Boom huldigten, konsequent ignorierend, durchforschte Waits die Frequenzen nach Jazz, Country, R&B und Motown. Nach Little Richard, Howlin' Wolf, Ray Charles, Little Walter, Charlie Rich – Stimmen und Sounds, von denen Waits fand, daß sie ihm mehr zu bieten hatten als Lothar And The Hand People, The Grateful Dead oder The Strawberry Alarm Clock.

Mit fünfzehn hatte Waits auf der Highschool in einer Band namens The System gespielt, deren Repertoire sich streng auf die aktuellen R&B-Hits beschränkte, allen voran The Temptations und James Brown. Sofern man Berichten glauben kann, war der Höhepunkt jedes The-System-Auftritts eine Version der *Godfather-of-Soul*-Nummer "Papa's Got A Brand New Bag".

Ein anderer Tom-Waits-Favorit war, wie er 1976 Mike Flood-Page gestand, ein gewisser Lou Short: "Damals hörte ich haufenweise Platten von einem Typ namens Lou Short. Er hatte in den Vierzigern eine Menge Alben gemacht, und keiner wußte, wer er war. Er hat immer dafür bezahlt, daß sie gemacht wurden. Aber in Baxter, Putnam County, wußte jeder, wer dahintersteckte. Abgesehen davon war er der Hypochonder der Stadt. Ich meine, es brauchte nur irgendwas in der Luft rumzuschwirren, und sofort hatte er seinen Schnupfen... Na egal, jedenfalls raffte sich der Stadt-Hypochonder irgendwann auf und starb, und oben auf seinem Grabstein stand: 'Lou Short ist tot', und am unteren Ende: 'Ich habe euch immer gesagt, daß ich krank bin!'" Bis heute hegt Waits eine Vorliebe für diese Grabinschrift von Lou Short; mehr als das, er hat sie zur Inschrift für seinen eigenen Grabstein bestimmt.

Das Bedürfnis abzuhauen hatte Tom Waits bereits als Teenager auf die Straße getrieben. Er erinnerte sich gern daran, wie er als Kind mit seinem Vater über die Freeways gefahren war und das Gefühl von Freiheit genossen hatte, das ihm diese Art der Fortbewegung vermittelte. Jetzt, *on the road again*, begann er eine wirkliche Verbindung zu jenem Pioniergeist zu spüren, der ein so wesentlicher Bestandteil des amerikanischen Mythos ist.

Und noch eine andere Kindheitserinnerung hat Waits bis weit ins Erwachsenenalter verfolgt: "*Burma Shave* ist eine amerikanische Rasiercremefirma, die diese Reklametafeln am Straßenrand hat – mit Limericks, die auf die verschiedenen Tafeln verteilt sind wie die Stücke von einem Glückskeks. Man muß Meilen fahren, um die ganze Botschaft mitzukriegen. 'Lassen Sie Ihren Arm...', fünf Meilen, 'nicht aus dem Fenster ragen...', wieder fünf Meilen, 'Er könnte Ihnen davonfahren...', wieder fünf Meilen, 'in einem anderen Wagen – *Burma Shave*!' Man kann diesen Sprüchen einfach nicht entkommen. Damals, als Kind, sah ich also ständig diese Schilder am Straßenrand. Und die ganze Zeit denke ich, so heißt die Stadt, also frage ich meinen Dad: 'Wann kommen wir nach *Burma Shave*?'"

Räder, Räder... Von jeher wollte Waits die rollenden Räder unter sich spüren, Räder, die ihn davontragen und ihm den Ausbruch ermöglichen sollten: "Das erste Auto hatte ich, als ich vierzehn war. Es gehört irgendwie zur amerikanischen Tradition dazu. Einen Führerschein zu kriegen, ist so was ähnliches wie ein Bar-Mizwa. Es ist schon schön, einen Wagen zu haben, aber im Winter braucht man auch 'ne Heizung drin, vor allem, wenn's draußen kälter ist als 'ne jüdisch-amerikanische Prinzessin in den Flitterwochen." Im Gespräch mit Peter O'Brien schwelgte Waits in liebevollen Erinnerungen an seine Karriere als Autonarr und zählte die Modelle, die er gefahren hatte, auf, als handelte es sich um eine Namensliste alter Freundinnen: "Ich hatte einen '56er Ford Mercury, einen '55er Buick Roadmaster, einen '55er Special, einen '55er Buick Century, einen '58er Buick Super, eine schwarze viertürige '54er Cadillac-Limousine, einen '65er Thunderbird, einen '49er Plymouth, einen '62er Comet..."

Trotz aller Freiheit jedoch, die er auf der Straße gekostet hatte, und entgegen seinem offensichtlichen Unwillen, sich in die Rolle eines respektablen Bürgers zwängen und an die Pflichten, die ein "ordentlicher" Beruf mit sich bringt, fesseln zu lassen, kümmerte sich Waits erstaunlicherweise recht bald um Arbeit. Seinen ersten Job bekam er 1965, und die folgenden Jahre sollte er damit zubringen, im "Napoleone's Pizza House" von National City Geschirr abzuwaschen, für den Service auf den Toiletten zu sorgen und Pizza zu backen – eine Phase, an die sich Waits später, im Schlußtitel seines zweiten Albums "The Ghosts Of Saturday Night", zurückerinnern sollte. All die langen Nächte, die er damit verbracht hatte, Pizza zuzubereiten und nebenbei Gesprächsfetzen aufzuschnappen und die unterschiedlichen Charaktere zu studieren, die das Restaurant bevölkerten, bescherten ihm zumindest reichlich Zeit zum Nachdenken und eine Menge Material, das er später verarbeiten konnte. Und um es den Matrosen gleichzutun, die auf ihren Landgängen hereinschneiten, ließ sich Waits eine Tätowierung verpassen – was ihm genügend Stoff für Diskussionen mit seiner Mutter lieferte.

Außerdem arbeitete Waits eine Zeitlang als Feuerwehrmann, in einer Bibeldruckerei, in einer Autowaschanlage, als fahrender Eisverkäufer, als Aushilfskellner und als Türsteher. "Ich hab' auch mal in 'nem Juwelierladen gearbeitet, und als ich da wegging, ließ ich eine goldene Uhr mitgehen. Ich dachte, schenken werden sie mir sicher keine, denn ich war ja sowieso bloß sechs Monate bei ihnen!"

Wie für so viele andere aus seiner Generation war es auch für Tom Waits die Musik, die ihm den Fluchtweg wies. "Ich weiß noch, wie ich in einem Restaurant arbeitete", erinnerte er sich Jahre später, "und ständig die Musik aus der Musicbox hörte und mich fragte, wie ich von dem Punkt, wo ich war, mit meiner Küchenschürze und dem Papierhut auf dem Kopf, wegkommen konnte, raus aus dem ganzen Schlamassel und dahin, wo man sich selber aus der Musicbox hört."

Irgendwann in seiner Jugend fing Tom Waits an, auf einer großen, alten, akustischen Gibson-Gitarre eigene Songs zu komponieren. Später wechselte er zum Klavier; sein erstes bekam er von einer alten Freundin geschenkt: "Es hatte ein Jahr lang im Regen gestanden, und es klang irgendwie alles nach Fis." Was Waits allerdings ebensowenig aufhalten konnte, wie es Irving Berlin, Amerikas meistverehrten Komponisten der populären Musik, aufgehalten hat, der auf einem Klaviermanual auch nur in Fis-Dur spielen konnte.

Bald begann Waits, in der Gegend von San Diego in kleinen Folk- und Jazz-Clubs aufzutreten. Jeder Singer/Songwriter, der in den sechziger Jahren zur Gitarre griff, stand in der Schuld von Bob Dylan – außer Tom Waits. Seine Äußerung, er habe die Sechziger verschlafen, war kein Scherz; in seiner ersten selbstverfaßten Pressemitteilung zitierte Waits als seine musikalischen Vorbilder "Mose Allison, Thelonious Monk, Randy Newman, George Gershwin, Irving Berlin, Ray Charles, Stephen Foster, Frank Sinatra" – Namen, die unter den Anhängern der flippigen Hippie-Sixties nicht gerade in hohem Ansehen standen. Waits selber wußte jedoch schon früh das Handwerk zu würdigen, auf dessen goldenem Boden die wahren Profis ihre Songs schufen. Er erkannte, welch unverzichtbare handwerkliche Fähigkeiten sich hinter der Leichtigkeit verbargen, mit der Lorenz Hart seinen Zuhörern Lebensweisheiten nahebrachte wie zum Beispiel: "*When love congeals / it soon reveals / the aroma of performing seals.*" Und er bemerkte die Techniken, die Sammy Cahn, Jimmy Van Heusen und andere benutzten, wenn sie auf die gleiche Weise Bilder und Metaphern in ihre Popsongs einstreuten wie ein Installateur, der einen Boiler in Betrieb nimmt. Aber Waits befand sich auch in einer guten Situation, um die eher praktische Seite dieser handwerklichen Art, Songs zu schreiben, würdigen zu können – eine Praxis übrigens, die Sammy Cahn einst treffend beschrieben hat, indem er auf die Frage, was zuerst komme, der Text oder die Musik, antwortete: "Der Telefonanruf!"

Seine ersten professionellen Auftritte hatte Tom Waits in und um Los Angeles. L.A. ist zwar einmal als Stadt mit dem Charisma eines Pappbechers bezeichnet worden, aber wie ein Magnet hat die Traumfabrik Hollywood immer wieder Schriftsteller und Drehbuchautoren, Musiker und Komponisten angezogen. Auch Jazzer und Bluesmusiker hatten schon seit langem eine Vorliebe für die Westküste bewiesen, und seit dem ersten Aufkommen des Rock'n'Roll war in der Stadt eine blühende Musikszene entstanden. Waits war auch nur einer unter Tausenden schüchterner Troubadoure, aber er steckte bereits in einer gefährlichen Klemme. Hingekauert auf seinen Pianoschemel croonte der junge Tom Waits alte Standards wie "Somewhere", Gershwins "Summertime" oder

Irving Berlins "Blue Skies", und in seinem Vortrag lag keine Spur von Dylan oder von den beliebten Seelenblähungen eines weiteren jugendlichen Jammerlappens. Seit seiner Jugend hatte Waits sein Netz weiter und weiter ausgeworfen, und nun erntete er alle möglichen prächtigen und exotischen Fische.

Schon früh in seiner Karriere hatte Waits erkannt, daß das, was zwischen den Songs passierte, genauso wichtig sein konnte wie die Musik selbst. Die kompromißlosen Platten von Lenny Bruce (auf Fantasy) und die frei improvisierten Tiraden eines Lord Buckley hatten in ihm eine Saite zum Klingen gebracht. Beide Männer waren Rebellen, deren Gefährlichkeit in ihrer Respektlosigkeit lag. Buckley hatte den bestgewichsten Schnurrbart seit Hercule Poirot, eine heisere Raspelstimme und eine Vorliebe für den Slang der schwarzen Jazzer, den er in seinen Nachtclub-Auftritten durcheinanderwirbelte. Mit einem riesigen Tropenhelm auf dem Kopf ("unentbehrlich in einem Nachtclub, mein Lieber!") stichelte und lästerte er, was das Zeug hielt, und gestand unter anderem seine Schwäche für Marihuana ("Wenn ich nicht in diesem Dschungel arbeiten müßte, würde ich ihn rauchen!"). Buckley attackierte Rassismus und Atomkriegswahnsinn und ließ dabei eine Liebe zur Sprache erkennen, von der sich Waits angesprochen fühlte. Wie er später selber einmal formulieren sollte: "Das Wörterbuch ist mein Hauptinstrument."

Buckleys Tod im Jahr 1960 fiel zusammen mit dem Aufstieg des schwarzhumorigen Komikers Lenny Bruce, und Tom Waits war nicht der einzige, der sich mit Lennys improvisierter Wortakrobatik identifizierte: Geehrt wurde Lenny Bruce in Songs von Bob Dylan, Paul Simon und Phil Ochs, aber auch von Dustin Hoffman mit der Film-Biographie "Lenny"; und nicht nur Richard Pryor und Robin Williams haben sich für ihre Bühnenauftritte aus seinem Fundus bedient.

Den Background für Lenny Bruce bildete der Jazz, und so lag es nahe, daß die Liner-Notes zur LP "The Sick Humor Of Lenny Bruce" der mittlerweile verstorbene Ralph J. Gleason, damals Herausgeber des Magazins "Jazz", verfaßte, der sich darin ausführlich mit Bruces Affinität zu Jazzmusikern auseinandersetzte: "Sein Ziel ist die Verletzung der öffentlichen Moral, und wenn er auftritt, umgibt ihn die Aura eines Jazzers. Das ist starker Tobak – genau wie Jazz – und ebenso verwandt mit der Position von Nelson Algren und Lawrence Ferlinghetti wie mit Charlie Parker und Lester Young. Bruce improvisiert nach Art eines Jazzmusikers. Seine Nummern auf diesem Album zum Beispiel bringt er nie zweimal auf dieselbe Weise, vielmehr verändert er sie wie ein Solist, der über einem Grundgerüst von Akkorden und Melodie improvisiert... Er ist ein Hieronymus Bosch des Worts, in dessen Monolog die gleiche nervöse Energie wie in einem Chorus von Charlie Parker und in dessen bissigen Bemerkungen die gleiche zynische Vitalität wie in Lester Youngs Reflexionen über einen schnulzigen Popsong stecken."

Diese Zeilen verraten auch etwas über die Ursprünge des Tom Waits, wie wir ihn heute kennen. Von Buckley übernahm Waits die Stimme, von Bruce den Stil und von Kerouac die Lebenshaltung. Während die Sechziger als Meer aus Schrulligkeiten und schierer Absurdität auf und ab wogten, entdeckte Waits mehr Substanz in der Haltung der Fünfziger-Jahre-Rebellen; aber auf dem

Kalender an der Wand stand die Zahl 1972. Hier war ein Mann, der der Zeit hinterherhinkte. Ob Tom Waits einen Zipfel dieser Zeit zu fassen bekommen würde?

DIE GROSSE CHANCE (1): Herb Cohen nimmt sich einen Abend frei von seinen Pflichten als Manager von Frank Zappa, Captain Beefheart, Wild Man Fischer, Tim Buckley, Alice Cooper und The GTOs, um die "Nacht der Talente" im "Los Angeles Troubadour" von 1972 mitzuerleben. Der Türsteher *des* angesagten L.A.-Clubs begibt sich auf die Bühne, um mit einer sanften, leicht jazzigen Stimme eine Auswahl eigener Songs zu singen. Cohen ist beeindruckt und verpflichtet Tom Waits für das Asylum-Label.

DIE GROSSE CHANCE (2): Lang ist's her, da war das "Ben Frank's" der Club am Sunset Strip, den die Coolen aufsuchten, wenn sie mal abschalten wollten. Es war das Stammlokal von Lord Buckley, Harry *"The Hipster"* Gibson und Lenny Bruce. Anfang der siebziger Jahre sah es in dem Laden trauriger aus als auf dem Konto einer alternden Nutte, aber noch immer war er ein Anziehungspunkt für jene, die ein bißchen von seinem verblichenen Ruhm mitbekommen wollten. Eines Abends ist auch Tom Waits dort und gerät in ein Gespräch mit Herb Cohen, der ihn auf der Stelle für seinen Künstlerstall unter Vertrag nimmt. Der Grund: seine tollen Schuhe.

Tom Waits besitzt eine eigene phantastische Theorie über die Karriere, die er sich ausgesucht hat; dem Journalisten Mike Flood-Page hat er sie 1976 zu Protokoll gegeben: "Ich schätze, ich habe mich schon immer für Musik interessiert. Tatsächlich war ich ganz verrückt danach. Auf der Rückseite von irgendeinem Streichholzbriefchen stand: 'Karriere ohne College – schicken Sie $5 an: P.O. Box 1531, New York, New York.' Und auf der Innenseite hatten sie eine ganze Liste von Berufen: Fernsehreparateur, Handelsreisender für Wasch-und Trockenmaschinen, Versicherungsvertreter, Bankangestellte, Musiker... Wehrdienstverweigerer, Psychopath, Axtmörder. Mir gefiel einfach, wie das klang: Musiker. Und heute bin ich ein lebendes Beispiel für eine Karriere ohne College. Der Rest ist Geschichte."

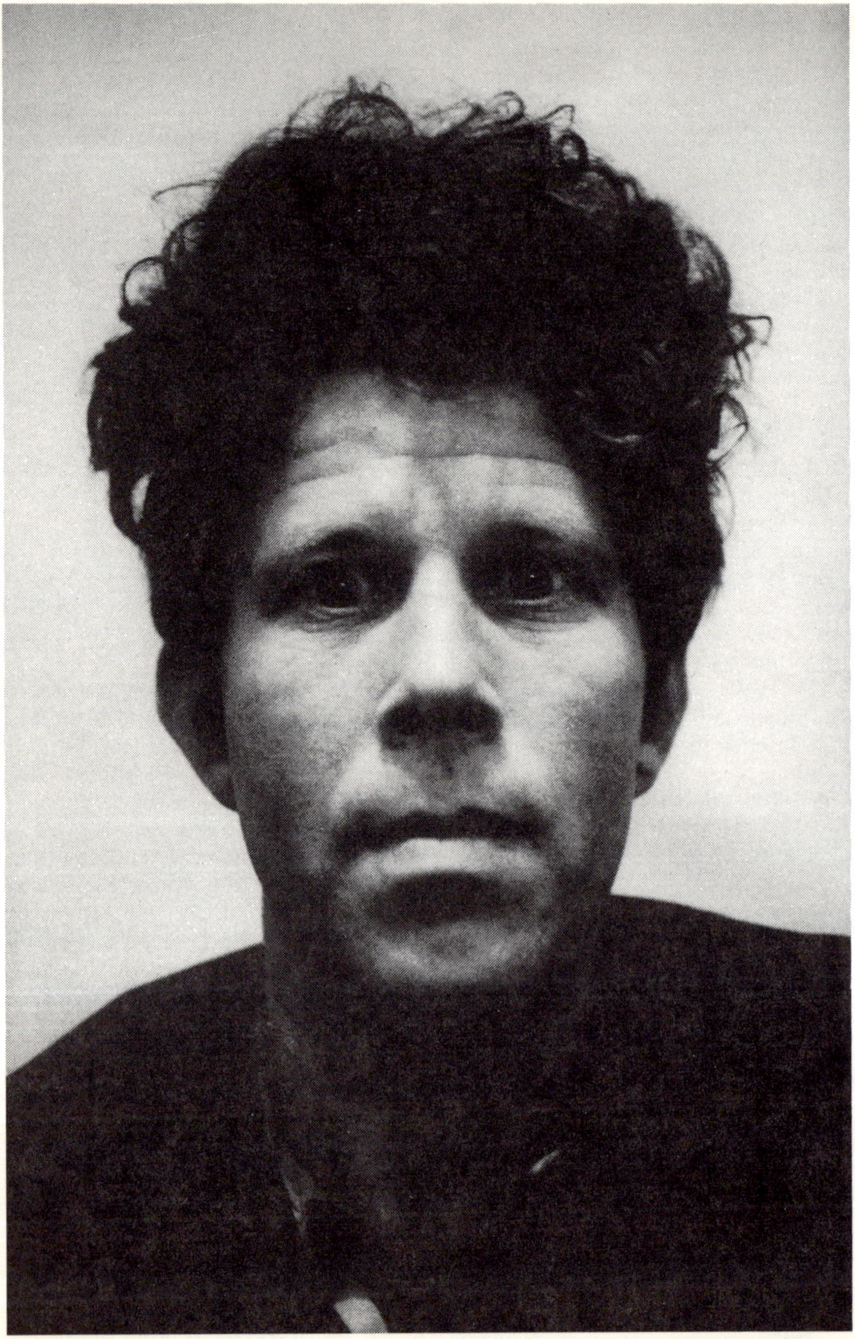

ZWEI

Debütalben sind wie streunende Hunde. Sie können eine verdammte Plage sein, und man kann ihnen entweder einen Tritt verpassen oder sie ins Haus holen, sie striegeln und zusehen, wie sie nach und nach zu einem richtigen Familienmitglied werden. Sind sie im Haus, zerkratzen sie vielleicht weiter die Möbel, pissen auf den Boden und treiben einen zum Wahnsinn, aber wenn sie erst einmal drin sind, wird man sie nicht mehr los. Debütalben sind das Destillat der Erfahrungen, die der Songschreiber bis zu diesem Zeitpunkt gemacht hat, mit all den aufgeschnappten Gesprächsfetzen, den Straßenschildern und Erinnerungsfragmenten, die auf dem Grill der Phantasie ihres Schöpfers brutzeln.

Der Frage nach der Glaubwürdigkeit eines Singer-Songwriters wurde in den siebziger Jahren solche Bedeutung beigemessen, daß sogar der *credit*, den Neil Young auf dem Cover von "After The Goldrush" seiner damaligen Frau Susan für die Flicken auf seinen Jeans gewährte, kommentarlos zur Kenntnis genommen wurde. Trotz aller Pionieranstrengungen, die Bob Dylan im Dienst der Emanzipation der Rockmusik unternommen hatte, befand sich das Genre während der frühen Siebziger – die Singer-Songwriter Bewegung hatte sich zu einer einflußreichen Kraft innerhalb der Popmusik entwickelt – in einer beklagenswerten Verfassung. Denn was hatte es zu bieten? Die Werden-sie-nochmal-oder-werden-sie-nie-wieder-Launen von Crosby, Stills, Nash, Freeman, Hardy & Willis. Die emotionalen Hochs und Tiefs von Joni und Jackson und James und Carly und Carole und Kris und Rita. Das flippige Hippietum von John Sebastian. Die menschliche Stimme in der Wildnis: Tim Buckley. Die Hausmacher-Sarkasmen von Randy Newman. Und so weiter. Während die Sechziger noch immer wie ein riesiger Schatten über der Szene hingen und die Tage von Woodstock 1969 weiter als "Die Zusammenkunft der Stämme" gefeiert wurde, fand 1973 in Watkins Glen das definitiv "größte" Rockfestival aller Zeiten statt, mit 600.000 zahlenden Besuchern, die sich versammelt hatten, um Grateful Dead, den Allman Brothers und The Band zu huldigen – ausgerechnet ihnen!

In den zehn Jahren, seit Dylan den Singer-Songwritern erstmals zu einer Stimme in der Öffentlichkeit verholfen hatte, war das Genre zu einem festen Bestandteil der populären Musik Amerikas geworden, trotz all der Kritiker, die für den Katharsis-Stil der Herz-auf-der-Zunge-Sensibilisten und die totale Unfähigkeit der Songschreiber(innen), mit ihrem Publikum zu kommunizieren, nichts als Spott übrig hatten. Das Problem bestand – so lautete zumindest die Theorie – darin, daß die meisten Debütalben von dem reichen Erfahrungsschatz zehren, den ihre Schöpfer in den frühen Tagen des Kampfes um Anerkennung gesammelt haben, daß viele Künstler jedoch zu dem Zeitpunkt, da sie ihr zweites und drittes Album in Angriff nehmen, bereits so erfolgreich sind, daß alles, worüber sie schreiben können, die Qualen und die Isolation sind, die ihr Superstar-Status mit sich gebracht hat – und natürlich die Affären, die sie mit anderen Singer-Songwriter(inne)n haben.

Anfang der Siebziger wurden die überlieferten Sixties-Weisheiten von der nächsten Generation mit der gleichen Ehrfurcht entgegengenommen wie seinerzeit Moses' Gesetzestafeln vom Volke Israels: *"The answer, my friend, is blowin' in the wind"* wurde durch die atemlose Botschaft *"I've got a brand-new pair of roller-skates"* ersetzt, und aus *"The love you take is equal to the love you make"* wurde das angstgeschüttelte *"It increases my paranoia, like lookin' in my mirror and seein' a police car!"*

Die Annahme der verwöhnten Superstars, das Publikum habe selbstverständlich ein Interesse an ihren Tagebuchergüssen, war in Wahrheit nichts anderes als Arroganz, und ihre naiven Ansichten waren meist bloß lächerlich. Aber aufgrund des kulturellen Klimas und der vorherrschenden Meinung über den moralischen Bankrott der westlichen Regierungen entstand der Eindruck, die Rockkultur habe noch immer eine Alternative zu bieten. Rocktexte wurden zur Pinnwand, an die alle, die zu dumpf waren, um eine eigene Meinung zu haben, ihre Hoffnungen hefteten.

Konzerte schienen damals kaum etwas zu tun zu haben mit Musikern, die ihr Publikum gut zu unterhalten versuchen, sondern glichen zunehmend einer Papstaudienz oder College-Vorlesung. Manche Fans brachten sogar Papier und Bleistift mit, um sich Notizen zu machen. Trotzdem besaß das Singer-Songwriter-Konzept noch immer einen unleugbaren Massenappeal, der dazu führte, daß das Ehegespann James Taylor & Carly Simon zur finanziell erfolgreichsten Partnerschaft im ganzen Showbusiness avancierte, das selbst die enorme Anziehungskraft von Liz Taylor und Richard Burton in den Schatten stellte.

Bis zum Jahr 1973 hatte sich in der Rockszene eine Hierarchie herausgebildet, die nicht weniger erstarrt war als jede Monarchie in Mitteleuropa. Es war wieder ein Jahr der Debüts, in dem sich neue Talente wie Steely Dan und Queen zum ersten Mal in Vinyl verewigten; das richtig große Geld steckte jedoch nur hinter dem Debüt eines 24-jährigen, der erste Grüße aus einer bis dahin völlig unbekannten Vorstadt in New Jersey, U.S.A., schickte. Bruce Springsteen war nur einer von einem Dutzend "neuer Dylans", die dieser Ära entsprangen.

Im selben Jahr trat Tom Waits mit "Closing Time" auf die Szene. Heute ist es kaum mehr zu glauben, aber unter den Kritikern wurden damals Wetten abgeschlossen, wer von den beiden der nächste Superstar sein würde! Allerdings spricht einiges dafür, daß Tom Waits, wäre ihm der Erfolg von Bruce Springsteen beschieden gewesen, im Grunde gar nichts damit anzufangen gewußt hätte, außer vielleicht, sämtliche Stadionbesucher anzuhauen, ihm einen Drink zu spendieren...

"Closing Time" ging sang- und klanglos unter. Im Studio hatte sich Waits nicht gerade wohl gefühlt: "Ich hab's immer unangenehm gefunden, mich aufs Studio einstellen zu müssen – dieses Wissen, daß du genau die gleichen Bedingungen hast wie irgendein anderer Musiker. Du kannst reingehen und ein tolles Album machen oder reingehen, um das Publikum zu verarschen."

Selbst in einer Pop-Ära, die es den Musikern geradezu nahelegte, "das Publikum zu verarschen", setzte Waits auf Qualität. "Ol' 55", "I Hope That I Don't Fall In Love With You", "Martha" und "Rosie" sind hervorragende Songs, gleichgültig, an welchem Maßstab man sie mißt. Waits-Songs waren alles andere als die von seinen Kollegen so hochgeschätzten weinerlichen Oden ans eigene Selbstmitleid, und obwohl seine Stimme ihre berühmte Knirsch- und Raspel-Qualität, die später zu seinem Markenzeichen werden sollte, erst noch entwickeln mußte, klang sie bereits wie die Antithese zu dem milden Gesäusel seiner kalifornischen Zeitgenossen. David Geffens Ayslum-Label, für das Waits bis 1980 aufnahm, war *die* Plattenfirma im *Golden State;* zu ihrem Künstlerstall gehörten die Eagles, Joni Mitchell und Jackson Browne, und die klangen nicht entfernt wie Waits.

In "Martha" spielte Waits die Rolle eines alten Mannes, der verbittert die verlorene große Liebe seines Lebens beklagt und nach vierzig Jahren Abwesenheit herauszufinden versucht, ob sie noch dieselben Gefühle für ihn hegt wie damals. Der rührende, doch an keiner Stelle rührselige Song verriet bereits Waits' Fähigkeit, mit der einen Hand im Herzfett seiner Zuhörer herumzustochern und ihnen mit der anderen den Teppich unter den Füßen wegzuziehen: *"Martha? This is old Tom Frost, I am calling long-distance, don't worry 'bout the cost!"* ["Martha? Hier ist der alte Tom Frost. Dies ist ein Ferngespräch, aber mach' dir keine Sorgen wegen der Kosten!"] Als würde sich die Empfängerin eines Anrufs von einem, von dem sie vierzig Jahre lang nichts gehört hat, Sorgen wegen der Telefonkosten machen!

Bedauerlich war allerdings, daß man es nicht geschafft hatte, auf dem Album ein frühes Waits-Demo unterzubringen, "It Looks Like I'm Up Shit Creek Again", eine trügerisch sanfte Countryblues-Nummer im Hank-Williams-Stil. Nur allzu wahrscheinlich leider, daß ein Titel wie dieser bei den Radiomachern ohnehin auf taube Ohren gestoßen wäre!

Manager Herb Cohen hatte seinen zweiten Mandanten Jerry Yester hinzugeholt, der das Waits-Debüt produzieren sollte; Yates hatte sich The Lovin' Spoonful in deren Schlußphase angeschlossen und bereits eine Produzentenlehre bei der phänomenal erfolgreichen MOR-Band The Association absolviert.

Trotzdem war Waits offenbar mit dem Sound des fertigen Albums nicht glücklich. Vier Jahre nach seiner Veröffentlichung gestand er John Platt seine Unfähigkeit, mit Yester einen gemeinsamen Nenner zu finden: "Jeder von uns zog auf diesem ersten Album in die entgegengesetzte Richtung. Wenn ich ihn gelassen hätte, hätte er ein mehr folkorientiertes Album daraus gemacht; ich dagegen wollte einen akustischen Standbass und eine gestopfte Trompete hören... Im Grunde war ich ein kleines Kind im Studio. Jerry hatte schon 'ne ganze Menge gelernt, er wußte, wie sowas ging, und gleichzeitig hatte er ganz spezielle Vorstellungen. Er hängte sich emotional sehr rein in das Projekt, während ich noch ganz sprachlos war, daß ich überhaupt 'ne Platte aufnehmen durfte."

Wie auf Springsteens Debüt, so fand sich auch auf "Closing Time" wenig, das auf die dauerhafte und künstlerisch immer wieder neu belebte Karriere schließen ließ, die vor Tom Waits lag. Es war ein Album voller Kompromisse, eines, auf dem sich der Sänger der Notwendigkeit unterwarf, seine Texte entsprechend der herrschenden Singer-Songwriter-Mode vor einem geschmackvoll-dezenten Softrock-Background zu intonieren. Lediglich das jazzige "Ice Cream Man" und einige der stellenweise bitteren und schwierigen Songtexte waren ein zaghafter Hinweis darauf, daß Tom Waits mehr zu bieten hatte als sonst irgendeiner aus dem restlichen Dutzend gequälter Blue-Jeans-Troubadoure.

"Harry Dean Stanton hat mir mal erzählt, daß er ein Exemplar von meinem ersten Album auf einem Eisenbahngleis gefunden hat. Er war irgendwo mitten in der Wüste, drehte da einen Film und fand diese Platte, die auf den Gleisen geschmolzen war. Das gefällt mir irgendwie. Ist jedenfalls eine nettere Endstation als der Cut-out-Kasten in einem Plattenladen." (Tom Waits zu Kristine McKenna)

Man hätte jedoch über die Sehergabe eines Nostradamus verfügen müssen, um Waits' Zukunft anhand dieses Debüts voraussagen zu können. Wenngleich "Closing Time" nicht auf der Sonnenseite der Straße entstanden war wie die Werke von Waits' Asylum-Kollegen, so stammte es doch zumindest aus derselben Stadt. Dennoch blieb das Album nicht gänzlich unbeachtet. Im "Rolling Stone" wurde Waits mit Randy Newman und Loudon Wainwright III verglichen; die Rezension schloß: "Wenn Waits' Sensibilität auch von manchem als zu selbstverliebt abgelehnt werden dürfte, finden sich in seiner Arbeit doch ein hartnäckiger Humor und ein Sinn fürs Absurde, die sie über das Niveau banaler Jammer-Arien hinausheben... Waits tanzt auf dem schmalen Grat zwischen Pathos und Trivialität, ohne zur einen oder anderen Seite hin abzustürzen."

Die Verkaufszahlen von "Closing Time" hielten sich in Grenzen, doch immerhin konnte Waits im Nachhinein feststellen, daß einige Songs seiner Platte von etablierten Künstlern wie Tim Buckley, Eric Andersen, Lee Hazlewood, Ian Matthews und John Stewart aufgenommen worden waren – und von den Eagles! Die Band, die es sich zum Programm gemacht hatte, den lockeren Lebensstil Kaliforniens in all seinen Spielarten zu besingen, hatte Waits' "Ol' 55" für würdig befunden, auf ihrem Album "On The Border" zu erscheinen.

Der Komponist war nicht gerade begeistert von der Version der "Take it easy"-Boys, wie er Fred Dellar gutgelaunt gestand: "Ich kann die Eagles nicht ausstehen. Sie zu hören, ist ungefähr so aufregend, wie zuzugucken, wie Farbe trocknet. Ihre Platten sind gerade gut dafür, den Plattenteller vor Staub zu schützen, aber damit hat sich's... Countryrocker?! Diese Jungs sind in L.A. aufgewachsen und haben nie Kuhscheiße an den Stiefeln gehabt; alles, was sie dranhaben, ist die Hundescheiße aus dem Laurel Canyon [Prominentengegend von Los Angeles; Anm. d. Übers.]. Im Putnam County würden sie keine zwei Minuten überleben, das ist mal sicher. Wenn da jemand am Samstagabend an 'ner Kugel krepiert, steht in der Sonntagszeitung, daß er eines natürliches Todes gestorben ist."

Um das Album zu promoten, ging Waits auf Tournee und gab Konzerte, Konzerte, Konzerte... Manager Herb Cohen war der Ansicht, es würde seinem jungen Künstler nicht schaden, für ein Publikum zu spielen, das eigentlich gekommen war, um den Top-Act zu erleben – Frank Zappa & The Mothers Of Invention. Die Paarung erwies sich allerdings als Mißerfolg, und später bezeichnete Waits die Zeit, die er als Anheizer für Zappa verbracht hatte, als "allabendliches Experiment in Terror". Tatsächlich hätte es kaum jemanden überraschen dürfen, daß die Konzertbesucher, die zu Tausenden herbeiströmten, um über Zappas zynische Songs zu lachen oder seine gitarristischen Feuer-

werke zu bestaunen, wenig anfangen konnten mit diesem Prototyp eines Beatnik, der auf die Bühne schlurfte und sich allein auf einem Piano begleitete. So quetschte Waits seine bittersüßen Songs in Flugzeug-Hangars vor weitgehend desinteressierten Zuschauern durch die Zähne.

Das Zappa-Publikum war nicht das einzige, das Waits fühlen ließ, wie wenig es ihn mochte. "Aus irgendeinem gottverdammten Grund war ich engagiert worden, um beim *'Gay Liberation Benefit'* aufzutreten, vor einem ziemlich schwierigen Publikum also... Ich kam nach Richard Pryor dran, der seinen Auftritt gerade damit beendet hatte, daß er ihnen zurief: 'Küßt mir meinen reichen schwarzen Arsch, ihr Tunten!' und im Eiltempo von der Bühne rauschte. Tja, das brachte mich irgendwie in 'ne verzwickte Lage, aber ich ging trotzdem raus und fing an mit... – nun ja, aus irgendeinem Grund hatte ich mir dafür diese alte Shownummer ausgesucht, 'Standing On The Corner Watching All The Girls Go By'. Irgendwas hatte mir gesagt, dieses Ding würde gut ankommen!"

Waits, der weiter versuchte, sich eine eigene Gefolgschaft aufzubauen, spielte im Vorprogramm von Country-&-Western-Superstar Charlie Rich ("Kann echt singen, der Hurensohn!"), von Billy Preston, dem Organisten der späten Beatles ("Eine Katastrophe!", bestätigte er mir freudestrahlend), von John Hammond und Jerry Jeff Walker, der sich damals gerade seine ersten Sporen verdiente. Doch der Tiefpunkt, der Alptraum, der ihn noch heute nachts um drei schreiend aufwachend läßt, war ein Auftritt, den mir Tom Waits 1981 so beschrieb: "Ich bin mal vor einem Burschen aufgetreten namens Buffalo Bob & The Howdy Doody Review. Er war wie einer dieser Moderatoren im amerikanischen Kinderfernsehen. Wir machten 'ne College-Tour, und ich mußte drei Nachmittagsvorstellungen für die Kinder und ihre Mütter geben. Er nannte mich immer Tommy, ich hätte den Hurensohn erwürgen können... Ich wünschte ihm die ganze Woche, er würde an Knochenkrebs sterben."

Keine Frage, Waits paßte nicht zur Rockszene der mittsiebziger Jahre. Rockfans, deren Hirn längst zu Müsli mutiert war, kamen nur, um ein Spektakel zu bestaunen und mit dem, was von ihrem Verstand übriggeblieben war, in den Kosmos davonzuschweben und, wenn möglich, darüberhinaus! Was sie auf keinen Fall wollten, war ein bodenständiger Pianist mit käsigem Teint, der Stories aus einer Downtown-Bar zum Besten gab.

Während seiner langen quälenden Tourneejahre brachte Waits mehr Meilen hinter sich als ein Greyhound-Bus, nicht selten mit einem Am-Arsch-der-Welt-Gefühl im Bauch, das auch John Fogerty gehabt haben muß, als er sang: *"Oh God, stuck in Lodi again!"* [Oh Gott, wieder häng' ich in Lodi fest!]. Und das Publikum verschwamm ihm nach zahllosen Meilen und ungezählten Auftritten zu einer einzigen gesichtslosen Masse. Trotz der Unerbittlichkeit des Tourlebens hatte die Erfahrung allerdings auch ihr Gutes, denn auf diese Weise entwickelte sich Tom Waits zu einem mit allen Wassern gewaschenen Performer. Mit Zwischenrufern machte er kurzen Prozeß ("Mit deiner Meinung ist es genauso wie mit deinem Arsch, Kunmpel – jeder hat einen!"), und dank des ständigen Ortswechsels konnte Waits sein kreatives Potential mit immer neuen Eindrücken füttern.

Da er nun schon bis zur Hüfte im typischen Rock'n'Roll-Leben steckte, konnte er sich, wie er fand, auch ganz hineinstürzen, und so zog er ins Tropicana-Motel von Los Angeles, das berüchtigt war für die Exzesse früherer Gäste wie Janis Joplin, Jim Morrison und Alice Cooper. Das Tropicana war der Ort, wo durchreisende Bands ihre Zelte aufschlugen, um alle Tourneefreuden – *Sex, Drugs & Rock'n'Roll* – voll auszukosten.

Das Leben im Motel kam Waits entgegen, denn es ersparte ihm eine Situation, die er einmal so beschrieb: "Drei Monate lang bist du auf Tour, und dann kommst du zurück zu einem Kühlschrank, in dem es aussieht, als wär's ein wissenschaftliches Experiment." Den größten Teil der siebziger Jahre verbrachte er als Dauergast im Tropicana, der Startbasis für seine zunehmend ambitionierten Attacken auf die Arterien Amerikas. Für viele Jahre kam das Motel am Santa Monica Boulevard dem, was sich Waits unter einem Zuhause vorstellte, am nächsten. Vom Tropicana aus unternahm er Streifzüge durch die Bars rund um Hollywood & Vine, wobei ihm wohl hin und wieder auch ein Glas Malzbier oder ein Glas Sherry – als Aperitif, versteht sich – die Kehle netzte. Zu einem Stück Inventar wurde er im "Traveller's Café", wo er die Gäste anquatschte und sich über ihre Geschichten amüsierte.

Als Performer erwarb sich Waits den Ruf eines Beatnik, der in irgendeiner Zeitblase überlebt haben mußte; er lebte das Leben, das ihm immer vorgeschwebt hatte – bloß zehn Jahre zu spät. So war es naheliegend, daß er 1975 zusammen mit Allen Ginsberg, William Burroughs und Patti Smith an der New Yorker Premierenparty für Ed Sanders' Buch *"Tales Of Beatnik Glory"* teilnahm. Zu jener Zeit war Ginsberg einer der wenigen authentischen Beat-Überlebenden. Die Sechziger waren diesen manischen Chronisten und Aktiven der Fünfziger nicht wohlgesonnen gewesen: Kerouac war 1969 im Haus seiner Mutter gestorben, ein verbitterter, desillusionierter Mann, der wenig anzufangen wußte mit den Hippies, die ihn als Vaterfigur betrachteten. Neal Cassady, der wirklich *on the road* gewesen war und das getan hatte, was Kerouac bloß beschrieb – einmal hatte er in kaum glaublichen 33 Stunden eine Fahrt von 2894 Meilen hinter sich gebracht, von Denver nach San Francisco und wieder zurück –, starb Anfang 1968 nach Jahren des Drogen- und Alkoholmißbrauchs allein an einem Schienenstrang.

Nur allzu gern übernahm Tom Waits das Staffelholz der Beats. Seinen persönlichen Blick auf Amerika fand er in vielfacher Hinsicht wieder in den Schriften von Jack Kerouac; nicht umsonst waren sein Antrieb lange Zeit die dämonische Energie des Kerouac-Klassikers "On The Road" und sein eigenes brennendes Bedürfnis gewesen, auszubrechen und herauszufinden, was dieses Land am Leben hielt, seinen Finger an den Puls Amerikas zu legen. Auf ähnliche Weise entdeckte Waits die Sujets seiner Songs in den Bildern des Malers Edward Hopper, dessen einsame Szenarien noch leerer wirkten, wenn Menschen in ihnen auftauchten – Gemälde, auf denen Oasen des Lichts von einer alles andere verschluckenden Dunkelheit eingerahmt wurden; Gemälde, die man am besten zum klagenden Klang von John Coltranes Saxophon betrachtete.

Waits' Stil verhielt sich zur Beat-Literatur wie der Jazz zur Baskenmütze. Live trat er entweder als Solist auf, der mit sich und seinem Piano allein war – was er, bei mehr als einer Gelegenheit, im wahrsten Sinne des Wortes auch war –, oder, häufiger, begleitet von einem akustischen Standbass und Schlagzeug. Eingenebelt in Zigarettenrauch, die Augen wie in Trance geschlossen, mit Händen, die auf der Pianotastatur wie auf einem Boulevard auf und ab flanierten, mit Haaren so kraus wie der Rauch aus Herbstfeuern und einer Stimme... Nun, zu diesem Zeitpunkt seiner Karriere war Waits' Stimme noch nicht wie heute von allzu vielen Camels zur Hölle geschickt worden; immer noch konnte er eine Note treffen, auch wenn sich diese alle Mühe gab, seiner Umarmung zu entrinnen. Aber schon damals keuchte er seine Texte mehr hervor, als daß er sie sang, und dabei pfiff er wie ein angestochener Luftballon.

Tom Waits war nicht wie andere Rock'n'Roller. Sein Image war so exotisch wie eine Unterwasserlandschaft: Mit den Bellbottom-Jeans tragenden Bands jener Zeit, die ihre Wirkung im wesentlichen aus der selbstauferlegten Distanz zu ihrem Publikum und einstudierten Showeffekten bezogen, hatte er nichts gemein; der einzige Showeffekt, der bei einem Waits-Auftritt garantiert war, lag in dem Zweifel, ob er die Bühne am Ende des Abends auf seinen zwei Beinen verlassen würde.

Mit seinem buschigen Ziegenbart und den außergewöhnlichen Alabasterhänden, die das Mikrofon wie mit spindeldürren Marionettenfingern umschlangen, erzeugte Waits bei seinen Auftritten stets eine Atmosphäre von Intimität; mit Anekdoten, Witzen und jener Art von Songs, die auch Ilsa Lundt zu Dooley Wilsons Klavier in Rick's Cafe im Film "Casablanca" hätte summen können. Gleichgültig allerdings, wo und bei welcher Gelegenheit er auftrat – Tom Waits fand immer Zeit, sich über sein Lieblingsthema auszulassen: Schuhe.

Ein kleiner Exkurs: "Schuhe und ihr Platz in der Welt des Tom Waits": Während er an seinen Songs kein gutes Haar läßt, hat sich Waits über die Schuhe von Neil Young wiederholt voller Bewunderung und sogar mit Liebe geäußert. Bei seinem ersten Besuch in England ließ es sich Waits nicht nehmen, darauf hinzuweisen, daß er das, was den Engländern unter dem Namen "*winklepickers*" [Spitzschuhe] geläufig ist, als "*Puerto Rican fence-climbers*" oder "*ratstickers*" kennt. Erinnert sei auch an die Aussage unseres Künstlers, daß er von Herb Cohen wegen seiner Schuhe unter Vertrag genommen worden war, und an seine Behauptung, er sei nur deshalb nach New York gezogen, "weil es eine tolle Stadt für Schuhe ist". Zudem hat Waits eine originelle Theorie entwikkelt über den Zusammenhang zwischen den Qualitätsschwankungen der populären Musik und dem, was die Welt an den Füßen trägt: "Ich glaube, wenn es eine gute Zeit für Schuhe ist, ist es auch eine gute Zeit für Musik. Ins Schuhgeschäft gehen und gucken, wie sie da so nett und sauber aufgereiht stehen – das gibt mir einen Kick, wirklich!" Und seinen Interviewer Fred Dellar klärte Waits auf: "*Muckalucks* sind Hausschuhe... Der *Stacey Adams* war mal ein Schuh mit sehr hohem Prestige... *Staceys* waren der Zeit voraus und galten als unheimlich *hip*!" – vgl. "Tom Traubert's Blues"!

Zur Zeit ihres jeweils zweiten Albums lagen Waits und Springsteen noch immer Kopf an Kopf, und seltsamerweise klang Springsteens Song "Wild Billy's Circus Story" wie ein Waits-Song aus jener Zeit. Beide Songschreiber hatten eine persönliche Handschrift entwickelt, die sich von aktuellen Rockformeln deutlich unterschied. Springsteens leidenschaftliche Revival-Mixtur war ein spätes Echo auf den gänsehauterzeugenden Rock'n'Roll-Urknall der fünfziger Jahre; Waits hingegen tanzte auf einer ganz anderen Hochzeit, indem er *"Non-Rock"*-Einflüsse wie Gershwin, Shearing und Sinatra verarbeitete. "Ich bin vielleicht ein bißchen sentimental", erklärte er damals, "aber ich bin nicht nostalgisch."

Waits versuchte, die hartgesottene Romanprosa eines Nelson Algren in die Sprache von Songs zu übertragen, die gescheiterten Existenzen zu beschreiben, die die Straßen in den großstädtischen Betonschluchten bevölkerten. Dabei gelang es ihm einerseits, von außen ein Licht in die Dunkelheit des urbanen Alptraums zu werfen, andererseits jagte er selber einem Traum hinterher, der so flüchtig war wie die Rauchkringel aus seiner unvermeidlichen Zigarette. Vor allem aber ging es ihm darum, in seinen Songs eine Art von Wahrheit zu vermitteln – die Wahrheit, auf die man neben dem Schienenstrang in jenen Kleinstädten des Mittelwestens stieß, die im Grunde "nichts als ein Fliegenschiß in der Landschaft" waren; die Wahrheit, die man kurz vor der Polizeistunde auf dem Grunde einer Flasche fand.

Waits' bittere Liebeslieder erregten schon bald eine gewisse Aufmerksamkeit, weil hier *wirkliche* Gefühle in eine straffe und durchstrukturierte Songform gegossen waren. Daß man ihm dichterische Qualitäten nachsagte, wies Waits trotzdem als Unsinn von sich. Die Frage, ob er sich in erster Linie als Dichter oder als Sänger betrachte, schmetterte er bei einer Gelegenheit ab mit dem nichtssagenden Bekenntnis: "Ich bin Methodist!" Ähnlich reagierte er, als er später einmal gefragt wurde: "Halten Sie sich für einen fruchtbaren Künstler?" Waits' Antwort: "Nun, ich bin katholisch erzogen worden..." Im Jahr 1975 versuchte er dem "NME"-Autor Todd Everett diese Vorsicht zu erklären: "Poesie ist ein sehr gefährliches Wort... Die meisten denken, wenn sie das Wort 'Poesie' hören, daran, an einem Schulpult festgebunden zu sein und sowas wie die 'Ode an eine griechische Urne 'auswendig lernen zu müssen. Wenn mir jemand sagt, daß er mir gleich ein Gedicht vorlesen wird, kann ich mir sofort eine Menge Sachen vorstellen, die ich lieber täte!"

Bei aller Bescheidenheit kristallisierte sich aus Waits' Erfahrungen *on the road* nach und nach eine Art schlackenloser Poesie heraus; die ebenso harschen wie sensiblen Songs auf seinem zweiten Album waren mehr als nüchterner Journalismus, und wenn Waits es nicht für eine Todsünde hielte, könnte man sie wohl als Poesie bezeichnen.

Das Album "The Heart Of Saturday Night" markierte das eigentliche Debüt von Tom Waits, denn hier waren zum ersten Mal alle Merkmale versammelt, die man später mit seinem unnachahmlichen Stil assoziieren sollte: Songs, in denen auf geradezu schmerzhaft eindringliche Weise von Liebe und Verlust erzählt wurde; Jazz-Arrangements, die im Einklang standen mit Waits' Vorliebe für den Jazz der fünfziger Jahre; Texte, die abwechselnd voller Pathos und von trockenem Humor waren. Hier war das Album, mit dem ein neues Talent nachdrücklich auf sich aufmerksam machte. Dieses zweite Album war zugleich der Beginn von Waits' Partnerschaft mit Bones Howe, der bis 1980 sämtliche Waits-Alben betreuen sollte. Howe verfügte über beträchtliche Erfahrungen im Jazzbereich, doch seinen größten Erfolg hatte er Ende der Sechziger mit dem kommerziellen, blankpolierten Mainstream-Soul von The Fifth Dimension gehabt.

Das Titelstück des Albums ist ein Klassiker, mit einer Melodie, die genauso unaufhaltsam dahinrollt wie der Oldsmobile, von dem Waits singt. In wenigen Zeilen gelingt es ihm, das Gefühl von Freiheit und das große Versprechen, die der Samstagabend für jedermann und jedefrau an jedem Ort der Welt bedeuten, zu beschreiben. Waits kennt sich aus, wenn er das ganz besondere Gefühl im Herzen dessen besingt, der von all den voraufgegangenen Samstagen träumt ("*makes it kind of special, down to the core, 'cause you're dreaming of them Saturdays that came before*"). Am Ende des Zyklus folgt – im letzten Titel, "Ghosts Of Saturday Night" – die ernüchternde Morgendämmerung. Hier ist Edward Hoppers Gemälde "Nighthawks" zum Leben erwacht: die müde Kellnerin "Irene" mit den Maxwell-House-Augen und dem rühreigelben Haar ("*with Maxwell House eyes and... scrambled yellow hair*"), die hinter dem Tresen gähnt, während Waits den letzten geknickten Zigarettenstummel aus einem Päckchen Kents ("*the last bent butt from a package of Kents*") fischt.

Songs wie diese fordern dazu heraus, sie zu hören, während du den Rest des schwarzen Bodensatzes aus deiner kalten Kaffeetasse schlürfst und schon die Morgendämmerung über der langen Reihe von Mietshäusern aufzieht und die Jukebox ein letztes Mal "Stand By Your Man" spielt. Die Wärme, die dir dieser Fast-Food-Laden während der Nacht geboten hat, ist verflogen, und es wird Zeit, den Mantelkragen hochzuschlagen und sich hinaustreiben zu lassen auf die tristen Straßen der Stadt, wo jeder mit sich allein ist.

"Shiver Me Timbers" ist ein grandioser Song, dessen Wurzeln weit in die amerikanische Pioniertradition zurückreichen; Waits erwähnt Jack Londons "Martin Eden" und Melvilles Meisterwerk der Meeresliteratur, "Moby Dick", während er der Familie und den Freunden einen letzten Gruß – irgendwas, das nach Zuneigung klingt – zuruft, um in Zukunft wie ein Stein über unerforschte Ozeane zu hüpfen ("*skip like a stone*"), wo die Wolken am Himmel hängen wie Schlagzeilen auf einem frischen Zeitungstitel ("*clouds are like headlines on a new front-page sky*").

Im Vergleich dazu wird der Song "Diamonds On My Windshield" mit seinem Scat-Gesang von einem energisch gezupften Standbass vorangetrieben; hier rennt Waits die Straße herunter in einer Nacht, die kälter ist als ein Brunnengräberarsch ("*colder than a well-digger's ass*"). Im sehnsuchtsvollen "San Diego Serenade" bleibt Waits nichts anderes als einzusehen, daß alles, was seine wertvollsten Erinnerungen ausmacht, endgültig dahin ist, und darüber nachzugrübeln in der traurigen Gewißheit, daß es zu spät ist, zurückzukehren und es wieder in Besitz zu nehmen.

An anderer Stelle auf dem Album ist Waits der sprichwörtliche Hund im Regen, der durch die Straßen der Stadt streunt, seine Nase in anderer Leute Angelegenheiten steckt und für seine Belästigungen einen Tritt kassiert. Er ist der Beobachter auf dem Rücksitz eines Taxis, der einen Blick durch das Wagenfenster auf die vorbeisausenden Gebäude wirft. Er ist der Typ, der, den Hut schief auf dem Kopf, die Bar verläßt und gleich eine Ausrede findet, um wieder hineinzugehen und nach einer Uhr zu suchen, die er dort zurückgelassen zu haben glaubt.

Die Stimme ist heiserer geworden, die Art der Darbietung weniger nervös. Und Waits hat Grund genug, selbstsicherer zu klingen; wenn auch vielleicht der vielgeschmähte Begriff "Konzeptalbum" auf "The Heart Of Saturday Night" nicht ganz zutrifft, so sind die Songs doch thematisch auf eine schlüssige Weise miteinander verbunden. Alle Stücke zusammen vermitteln den ganzen Spaß und die Erregung, den Schmerz und die Traurigkeit, die jene Momente bestimmen, von denen man an den übrigen Wochentagen zehrt, die man, eingespannt in die Tretmühle eines ausweglosen Jobs, in einer ausweglosen Sackgasse verbringt. Wenigstens den Samstagabend darf man auf eine Weise feiern, die einem ganz allein gehört. Hinter Tom Waits' Samstagabend-Meditation hört man das Echo all der anderen Samstagabende und das Echo von Sam Cooke und den Drifters, egal, ob ihr Song "Another Saturday Night" oder "Saturday Night At The Movies" heißt.

Die Sorgfalt, die Waits seinen Songs widmete, und die Genauigkeit, mit der er Situationen skizzierte, wurden immer deutlicher. Da hockt er zusammengekauert in der Ecke eines Fast-Food-Restaurants, unbeobachtet, doch selber ein unbestechlich genauer Beobachter – eine Situation, die mir Waits einmal so beschrieb: "Sich seine Anonymität zu bewahren, ist wichtig für einen Autor, damit er überall hingehen kann, in jeden Winkel der Stadt, um in irgendeiner Ecke zu sitzen. Jedesmal, wenn man in der amerikanischen Öffentlichkeit aufkreuzt, geht's einem doch so wie in dieser Zeile '*Well, people just get uglier, and I have no sense of time*' ['Tja, die Leute werden auch immer häßlicher, und mir fehlt das Zeitgefühl'], stimmt's? ... Im Wörterbuch des Teufels wird Berühmtsein als 'ein außerordentlich jämmerlicher Zustand' bezeichnet!"

Zu Waits' offensichtlicher Stärke als Songschreiber gehörte auch sein Bemühen um unorthodoxe Reime und detailreiche Situationsskizzen. Was ihn jedoch wirklich von der übrigen Singer-Songwriter-Bande unterschied und zum Außenseiter stempelte, war seine Faszination für die dunkle Rückseite des amerikanischen Traums. Während die Eagles selbstbewußt und prahlerisch davon sangen, auf "sieben Frauen" ein Auge geworfen zu haben, interessierte sich Waits mehr für die bedauernswerte Prostuituierte und die steigenden Preise für Verhütungsmittel. Während Neil Young warnend sang, Mutter Natur befinde sich in den Siebzigern auf der Flucht ("*look at Mother Nature on the run in the 1970s*"), zappelte Tom Waits herum, voll nervöser Energie, und richtete sein Augenmerk auf einen Penner, dessen Zuhause ein Pappkarton war.

Mit beißendem Spott attackierte Waits jene Songschreiber der Rockmusik, die ihre Werke mit Hochglanzpolitur überzogen. 1977 machte er sich in einem Gespräch mit John Platt Luft: "Ich kann Schreiber nicht ausstehen, die irgendwas auf Hochglanz polieren und dann rausbringen. Ich möchte es wissen, wenn da ein Kaugummi unterm Tisch klebt... Wie viele Zigaretten waren im Aschenbecher? Solche Kleinigkeiten. Man muß ein bißchen was von einem Privatdetektiv haben, um ein guter Songschreiber zu sein. *'I rode through the desert on a horse with no name...'* Wie wär's mit "*I rode through the desert on a horse with no legs'*? *Das* würde mir einleuchten! *'I almost cut my hair'* – na und? ... Ich hab' versucht, ein bißchen mehr ans Eingemachte zu gehen, weil ich wissen will, was wirklich Sache ist. Mir ist lieber, ein Typ erzählt mir in einem Song, daß die Drogerie geschlossen war und er keine Pariser kriegen konnte, als daß er mit Sachen kommt wie: *'The paths of their lives have crossed into the seed of the universe'* ['Ihr Lebenspfad hat sie hinübergeführt in den Urgrund des Universums'] Das ist ein Haufen kosmischer Schrott... Kann natürlich sein, daß man pleite geht, wenn man den Geschmack oder die Toleranzgrenze des amerikanischen Publikums überschätzt. Ich meine, in jeder Minute kommen irgendwelche Schwachköpfe auf die Welt, und manche von ihnen haben 'ne Menge Geld, das sie für Sachen wie 'A Horse With No Name' ausgeben..."

"Neil Young ist auch so einer, der einem mit seiner Volksschulmentalität auf den Geist gehen kann. *'Old Man, take a look at my life'* – das ist echt gut! – *'it's a lot like yours'* – wirklich phantastisch! Wenn ihm sowas in einer Bar eingefallen wäre und er keinen Stift mitgehabt hätte, hätte die Welt für immer darauf verzichten müssen. Also, ich bin wirklich froh, daß es überall soviel Tinte und Füller und Papier gibt, weil der Mann ja so begabt ist!"

Während der Siebziger war Waits zwischen seinen Aufenthalten im Tropicana regeläßig auf Tournee, wobei ihm sein Image und sein guter Ruf vorauseilten. Fans strömten in verräucherte Spelunken, um den betrunkenen Penner am Piano zu erleben, den wispernden Anekdotenerzähler mit einem besonderen Talent für schlagfertige Repliken. Auch wenn er nicht auf der Bühne stand, lebte Waits sein Image voll aus, aber alle Erfahrungen, die er dabei machte, fanden ihren Niederschlag in seinen Songs – nichts wurde ausgelassen. Nahe und ferne Bekanntschaften, exotische Bilder und Beat-Slang fanden sich unter dem obligatorischen Papierschirmchen zu einem unverwechselbaren Tom-Waits-Cocktail zusammengeschüttelt.

Von Regisseur Hal Ashby wurde Waits für die Hauptrolle in der Woody-Guthrie-Filmbiographie 'Bound For Glory' in die engere Auswahl gezogen, ebenso wie jeder andere Songschreiber, der Mitte der siebziger Jahre einen Namen hatte – Tim Hardin, Bob Dylan, Tim Buckley, Woodys Sohn Arlo und andere. Wie jedoch im Filmgeschäft üblich, ging die Rolle schließlich an einen Nichtsänger, David Carradine.

Aus Waits' wachsender Reputation Kapital zu schlagen, indem man einen seiner Auftritte auf Vinyl verewigte, schien ein cleverer Schachzug zu sein, aber sowohl unter Kritikern wie beim Publikum erwies sich das Live-Doppelalbum "Nighthawks At The Diner" als Desaster. Gegner sahen in Waits den *Great Pretender*, einen Scharlatan und "Pseudo-Beat", der es nicht wert war, Kerouac die Schuhe zu putzen, und sogar Waits-Fans fanden, daß diese wüste Kollektion von Rap-à-la-Jazz-Songs auf bedrucktem Papier oder in einem Nachtclub besser aufgehoben gewesen wäre. An diesem Punkt trennten sich die Wege von Waits und Springsteen endgültig; während Waits durch seine ebenso chaotische wie sperrige "Nighthawks"-Show taumelte, lieferte Bruce mit seinem dritten Album "Born To Run" sein erstes bescheidenes Hitalbum ab.

Waits strengte sich ganz einfach *zu* sehr an, denn er war offensichtlich wild entschlossen zu beweisen, daß er genauso weit herumgekommen war wie Kerouac und ein ebenso hartes Leben wie Woody Guthrie hinter sich hatte. Zweifellos sah er danach aus und klang auch so; der Balladensänger mit der warmen Stimme, der er zwei Jahre zuvor gewesen war, lebte nur noch in der Erinnerung, seine Stimmbänder waren das Opfer zu vieler Zigaretten geworden. Auf dem Album wirft Waits der hungrigen Menge Witze und Bonmots zu, wie die Christen im alten Rom den Löwen zum Fraß vorgeworfen wurden: "*I'm so goddam horny, the crack o'dawn had better watch out around me* [Ich bin so verdammt geil, die Morgenröte sollte besser einen Bogen um mich machen]"; "*Plant you now, dig you later* [unübersetzbares Wortspiel: "Heute pflanzen, morgen ernten!", mit der Konnotation: *to plant* – schwängern, *to dig* – mögen, lieben; Anm. d. Übers.]; "*Make like a hockey player and get the puck outta here!*" [unübersetzbares Wortspiel: "Mach's wie ein Hockeyspieler und hau den Puck raus!", mit der Konnotation: "*Get The fuck outta here*" – "Mach verdammtnochmal, daß du rauskommst!"; Anm. d. Übers.]. Es klang alles ein wenig zu gezwungen und ein Quentchen zu einstudiert.

Merkwürdigerweise war Waits' beste Darbietung auf diesem Album zugleich die einzige Fremdkomposition: Tommy Failes "Big Joe And Phantom 309", eine Variation von "The Vanishing Hitchhiker", dem "entschwindenden Anhalter", dem beständigsten der amerikanischen Volksmythen. Ursprünglich war der Song im Jahr 1967 ein großer Country-&-Western-Hit für Red Sovine gewesen – jener Sovine, der 1981 einen posthumen Chartserfolg hatte mit dem unbeschreiblich düsteren "Teddy Bear".

Die Songs lesen sich besser, als sie klingen. "Nighthawks Postcards" steckt voller lykanthropischer Details: "Die Hochbahn..., über das Brückengerüst holpernd, und es klang wie ein Anflug von Gene Krupa..., und das leise Rauschen nasser Speichenräder auf nassem Straßenpflaster [*The El Train... tumbling across the trestles, and it sounded like the ghost of Gene Krupa... and the whispering brushes of wet radials on wet pavement*]". Und ein Tom Waits, der, seinem Image entsprechend, die "Parkuhren als Spazierstöcke" benutzt auf diesem "berauschten Streifzug, mit meinen Augenlidern auf Halbmast [*using parking meters as walking sticks on the inebriated stroll with my eyelids propped open at half-mast*]". Oder die asthmatischen Hustenanfälle, während du eine Bar in "Putnam County" verläßt, "dich nach Hause verziehst und den kleinen Schuppen hinter dir läßt, der dir nachblinzelt in der dunklen, warmen, narkotischen amerikanischen Nacht unter einem Stecknadelkissenhimmel – und ab nach Hause geht's, zu Toast und Honig... [*weavin' home, leaving the little joint winking in the dark, warm narcotic American night beneath a pin-cushion sky and it's home to toast and honey...*]"

Die Einflüsse, die Waits' prägten, wurden in "Eggs And Sausage" offen benannt: "Nachtschwärmer im Schnellimbiß... Fremde, um die Kaffeemaschine geschart... vagabundierende Tagelöhner, chronisch Schlaflose... [*nighthawks at the diner... strangers around the coffee urn... gypsy hacks, insomniacs...*]" Seine Schwarzweißwelt wurde bevölkert von einer Sorte Menschen, wie sie Diane Arbus in ihren Photographien festgehalten hat; dabei empfand Waits jedoch nichts als Sympathie für seine Figuren, und unter seinen Händen wurden die Niederlagen, die man ihnen deutlich anmerkte, zu einer Art geistigem Sieg.

Ein gutes Live-Album hätte die Anziehungskraft, die von Waits ausging, beträchtlich verstärken können; für ein Publikum, das an die Diät im Luxus schwelgender und der Sprache kaum mächtiger Superstars gewöhnt war, bedeutete Waits das perfekte Gegengift. Mit seiner hemmungslosen Redseligkeit und seinem unleugbaren Witz gab er auf der Bühne eine unwiderstehliche Figur ab. Leider war "Nighthawks" nicht das perfekte Konzertsouvenir, das es hätte sein können. Was auf die meisten Live-Alben zutrifft, gilt auch für dieses: Es ist meilenweit entfernt von dem Markstein, den Van Morrison mit "It's Too Late To Stop Now" gesetzt hat; andererseits bietet es wesentlich mehr Anlässe zu einem Lacher als Crosby Stills Nash & Youngs "Four Way Street".

Nach der Veröffentlichung von "Nighthawks At The Diner" nahm sich Waits etwas Zeit, um seine Position zu überdenken: "Im Moment fühle ich mich wie ein arbeitsloser Tankwart. Für mich bin ich eine Legende, für die Welt bin ich eine Art Gerücht, ein Tumor in meiner Phantasie. Ich stehe nicht gerade auf der Schwelle zu nationaler Prominenz."

Nach Waits' eigenem "emotionalem Wetterbericht" war er noch ziemlich weit unten auf der Sprossenleiter, aber nicht chancenlos, sie zu erklimmen – angeschlagen, aber ungebrochen. Eingehüllt in Zigarettenrauchschwaden, die sich nie ganz verzogen; in einem Anzug, der aussah, als hätte die komplette "Warten auf Godot"-Besetzung eines Off-Broadway-Theaters in ihm geschlafen; mit skelettdünnen Fingern herumgestikulierend in der nur von einem Scheinwerfer matt aufgehellten Dunkelheit; unentwegt Anekdoten spinnend, mit einer Stimme, die wie ein Cadillac mit verrostetem Auspuff klang – so erwarb sich Waits nach und nach eine gewisse Reputation. Das Licht am Ende des Tunnels war zwar noch klein, aber er arbeitete sich voran – wenn auch langsam: "Ich habe noch keinen getroffen, der eine Frau rumgekriegt hätte, bloß weil er ein Tom-Waits-Album besitzt. Ich habe alle drei, und es hat mir noch nie was genützt!"

DREI

"And no one speaks English and everything's broken..."
["Und niemand spricht Englisch, und alles ist kaputt..."]
Tom Waits, "Tom Traubert's Blues", 1976

Tom Waits verließ Amerika zum ersten Mal im Jahr 1976. Mit 26 Jahren hatte Waits das Gerücht vernommen, daß es eine Welt jenseits des Santa Monica Boulevard gab, und nun zog er aus, um sie zu erforschen.

Sein Debüt in England gab Waits im "Ronnie Scott's"-Club in Soho, das von seinem Gast bei dieser Gelegenheit mit den Worten "Hier erinnert's mich irgendwie an Zuhause – versifft und voller Leute, die ich nicht kenne" in den Rang der Unsterblichkeit erhoben wurde. Soho war das "Bohemia" von London, der knallrot verschmierte Lippenstift auf dem grauen Gesicht der Hauptstadt. Die Strip-Lokale – von außen grell und verführerisch wirkend, von innen ungefähr so erotisch wie ein Pfandflaschenlager –, die Kneipen, die Patisserien und Bistros des alten Soho: Waits war davon begeistert.

Die Rockmusik machte gerade die umwälzendste Veränderung des Jahrzehnts durch – die handfesten Attacken der Punks stürzten die ergrauten Überlebenden der Sixties in tiefe Verwirrung, und die jungen Wilden konnten sich genüßlich ein Ziel nach dem anderen für ihre Angriffe aussuchen. Waits schlurfte in seinen Staceys umher und hielt sich aus dem Tumult heraus. Für Journalisten war Tom Waits ein wahres Gottesgeschenk. Allzu lange hatten die Rockstars der siebziger Jahre ihre Interviews als Plattform für ihre halbgaren Philosophien benutzt und selbstgefällig zugeschaut, wie unzählige Druckspalten mit ihren egozentrischen Tiraden gefüllt wurden.

Tom Waits war ein dankbarer Gesprächspartner, denn er nutzte Interviews als Testfeld für Einfälle, die er später in seine Bühnenshow einbauen konnte.

Jeder unselige Reporter, der auf irgendetwas hoffte, das der "Wahrheit" über Tom Waits auch nur nahekam, wurde unweigerlich enttäuscht; trotzdem hatten die meisten schließlich genügend zitierfähige Merksätze gesammelt, um damit ein eigenes Aphorismenlexikon zu füllen. Waits machte sich einen Spaß daraus, mit seinen Interviewern Katz und Maus zu spielen, wobei er nicht mit Kostproben aus seinem schier unerschöpflichen Sprachschatz geizte und mit einer Verve durch sein Namens- und Zitatengedächtnis stürmte wie ein Elefant durch den Porzellanladen – am Ende dieser Sessions hatte er sich nicht selten restlos verausgabt.

Waits war nur allzu gern bereit, das Image des versoffenen Penners auszuleben, in dessen Nähe die Zigarettenasche nur so stob, während er, schnaufend und keuchend und beflügelt von einer ununterbrochenen Zufuhr hochprozentiger Erfrischungen, seine erprobte Show durchzog. Der Journalist John Platt weiß zu berichten, daß Waits einmal eine geschlagene Dreiviertelstunde brauchte, um die Pointe eines unmöglich nachzuerzählenden Witzes über Hank Snow und June Carter vorzubereiten, während ihm ungezählte Drinks durch die strapazierte Kehle rannen; und Peter O'Brien erinnert sich lebhaft, wie er Waits auf einem Streifzug durch eine ganze Reihe von Soho-Kneipen an den Fersen klebte, um ein "Interview" zu bekommen, das mehr Ähnlichkeit mit einem ebenso atemlosen wie unzusammenhängenden Monolog hatte. "Eines darfst du nie tun: an einem Samstagabend im Compton Drive-In auftauchen und über den Lautsprecher verkünden, daß du derjenige bist, der für den Tod von Malcolm X verantwortlich ist. Und solltest du mal ins 'Tropicana' kommen, nimm dich bloß vor Chuck E. Weiss in acht – er bringt es fertig und verkauft dir 'nen Rattenarsch als Hochzeitsring... Ich fürchte, eines Tages werde ich mal durch Los Angeles spazieren und in einen Gullischacht fallen, und da unten werden fünfhundert Bossa-Nova-Musiker hausen und mir so lange 'The Girl From Ipanema' vorspielen, bis ich das Zeitliche gesegnet habe... Das Einzige, was ich hasse, ist Bluegrass, wenn er falsch gespielt wird. Und ich schätze, das Einzige, was ich noch mehr hasse, ist Bluegrass, wenn er *richtig* gespielt wird."

Vor allem die englischen Journalisten waren allein schon von der Idee der Beat-Kultur fasziniert, als deren leibhaftige Verkörperung ihnen Tom Waits erschien; die Nachkriegsgeneration der *Baby Boomers* kannte die Freiheit, von der ihr Keroucs "On The Road" kündete, nur aus zweiter Hand. Es war nun mal nicht dasselbe, ob man in einem Mini-Morris über die Landstraße nach Paignton zuckelte oder ob man in einem '56er Chevy über die mexikanische Grenze zu einem Tijuana-Puff gondelte. Das scharfe Gebräu, das Waits' Vorläufer und Idole zu bieten hatten, war im spießigen England der späten Fünfziger und frühen Sechziger allzu selten gekostet worden; einen Lenny Bruce hatte das Innenministerium nach seinem einzigen Auftritt im "Establishment Club" von Soho ausgewiesen – wegen der vorsichtigen Andeutung, Prinz Charles sei in Wirklichkeit ein 40-jähriger Liliputaner.

Waits schwitzte aus allen Poren amerikanische *Hipness*. Zur selben Zeit, als Peter Frampton von sich behauptete, endlich lebendig geworden zu sein ("Frampton Comes Alive" – ah ja, wirklich?), taumelte Tom Waits als offensichtlich Halbtoter über die Bühne. Sein Debütauftritt im "Ronnie's" bestand aus ebensoviel Kabarett wie Musik: "Ich komme gerade vom Gipfel einer Talsohle", vertraute er seinem Publikum an. "Ich hab' da in einem Laden gespielt, wo das Durchschnittsalter bei Jenseits-der-Verwesung lag." Das war keine Barry-Manilow-Conférence. Zwischen derartigen Seitenhieben hockte sich Waits immer wieder mal ans Klavier, um seine grüblerischen Balladen zu spielen, die zwar gut in einen Jazzclub wie "Ronnie's" paßten, in den damaligen Pop-Hitparaden allerdings ohne Zweifel fehl am Platze gewesen wären. Bezeichnenderweise konnte man denn auch in der Konzertkritik, mit der der 'NME' diese Premiere würdigte, von einem gewissen "Tom Wits" lesen.

Wenn er auch seinen Auftritt im "Ronnie's" ganz offensichtlich genossen hatte, so räumte Waits später doch ein: "Die meisten Nachtclubs sind mehr an ihrem Bierumsatz interessiert als daran, dich den Leuten richtig zu präsentieren." Eine Erfahrung, die wohl jener Schauspieler machen mußte, der im Saal einer Kirchengemeinde in Schottland auftreten sollte und dem Bühnenmanager die Anweisung gab: "Wenn ich auf die Bühne komme, bitte einen einzigen Scheinwerfer nur auf mich, während des Monologs dann Licht von hinten und zum Finale sämtliche Spots!", um zur Antwort die respektlose Frage zu bekommen: "Na, was denn nun – an oder aus?"

Nachdem er Englands grüne Küste wieder verlassen hatte, tourte Waits durch Finnland, Norwegen, Holland und Deutschland – eine Erfahrung, die die Basis für einen seiner besten Songs bilden sollte, "Tom Traubert's Blues". In der Tat fanden manche der Erlebnisse, die Waits auf dieser ersten Europa-Tournee hatte, ihren Niederschlag auf seinem nächsten Album: So bezieht sich "The Piano Has Been Drinking (An Evening With Pete King)" auf den Mitbesitzer des "Ronnie Scott's", und im Untertitel von "Tom Traubert's Blues" findet sich ein stockbetrunkener Tom Waits in der dänischen Hauptstadt wieder: "Four Sheets To The Wind In Copenhagen".

Während seines Aufenthalts in Soho ließ es sich Waits nicht nehmen, gute Ratschläge zu geben und hilfreiche Warnungen auszusprechen wie etwa diese: "Nehmt euch in acht vor sechzehnjährigen Mädchen, die Bell-Bottom-Jeans tragen, von zu Hause weggelaufen sind und einen Haufen Blue-Oyster-Cult-Platten unterm Arm tragen!" Aber das Beste sollte noch kommen; unmittelbar vor seiner Rückkehr nach Hause gestattete er seinem Publikum einen ebenso seltenen wie wertvollen Einblick in die Regeln seines künstlerischen Handwerks: "Ich flieg' jetzt zurück nach Los Angeles, werd' mich da erst mal drei Tage lang tierisch besaufen, und dann geh' ich sofort wieder ins Studio!"

Im Juli 1976 entstand innerhalb von nur fünf Studiotagen "Small Change", eines der besten Alben, die Tom Waits je aufgenommen hat. Es war die Platte, die jenseits allen Zweifels bewies, daß Tom Waits weit mehr war als ein Überbleibsel der fünfziger Jahre, daß er sich vielmehr als einer der großen Songschreiber der Siebziger behaupten konnte. Die Songs hatten Witz, Pathos, Kraft und Schärfe. Es waren die Qualität und die persönliche Handschrift, die die Songs auf diesem Album trugen, die auch den Autor dieses Buchs zu der Überzeugung gelangen ließen, daß Waits tatsächlich nicht nur ein vorübergehendes Phänomen war. Abgesehen davon, daß "Small Change" die Quintessenz dessen enthielt, was Waits zu bieten hatte, war hiermit auch der Vorwurf, er sei nichts als ein Plagiator, ein für allemal gegenstandslos geworden.

Wie jeder Musikhörer mit einer Vorliebe für Singer-Songwriter, so hatte auch ich auf den "neuen Dylan" der Siebziger gewartet. Wie es der Zufall wollte, schlug sich zu jener Zeit aber auch das Original gar nicht schlecht: Die schmerzhaft intensiven Songs auf seinem '74er Album "Blood On The Tracks" zeigten, daß Dylan auch jenseits der Dreißig noch immer ein Geschichtenerzähler war, der in der Rockmusik seinesgleichen suchte; "Desire" von 1975 verriet eine Vielseitigkeit, die für den Rest der Dekade einiges erwarten ließ; und der Zigeunertreck namens The Rolling Thunder Revue ließ erkennen, daß Dylan immer noch unterwegs zu neuen Ufern war. Aber der "Rollende Donner" klang leider nur von fern über den Großen Teich nach Europa, und davon abgesehen – sollte es nicht auch einen Sänger *aus* den Siebzigern *für* die Siebziger geben?

Der Hype um Springsteens drittes Album "Born To Run", das als entscheidend dafür angesehen wurde, ob er es bringen würde oder nicht, hatte mich kalt gelassen; der ganze Rummel schien mir ein Ausdruck reiner Verzweiflung zu sein, das Signal eines Rock-Establihsments, das auf der panischen Suche war nach jemandem – nach *irgendjemandem* –, der das Format hatte, um in Dylans Fußstapfen zu treten. Der Tod hatte uns Gram Parsons und Tim Buckley genommen, Rita Coolidge hatte Kris Kristofferson bekommen, und den "neuen Dylans" wie John Prine, Steve Forbert, Loudon Wainwright III und Steve Goodman fehlte schlicht der nötige Biß.

Die Rockmusik, die Ende der Sechziger so große Versprechen gemacht hatte, beschränkte sich mttlerweile auf das Backen von kleinen Brötchen. Wie so viele andere, die sich von ihr hatten einwickeln und auf eine ungewisse Reise mitnehmen lassen, fühlte ich mich Mitte der siebziger Jahre verraten. Anstatt mich auf eine ordentliche Ausbildung zu konzentrieren, hatte ich in der Rockkultur eine konkrete Alternative gesehen und geglaubt, die Singer-Songwriter würden mich schon die nötigen Stufen hinaufbefördern – eine Hoffnung, die rasch den Bach hinabgegangen war.

Was ich aus "Small Change" heraushörte, war vor allem eines: Authentizität. Waits klang wie jemand, der wußte, wovon er sang – seine Songs besaßen Glaubwürdigkeit. Nicht, daß er Penner glorifiziert oder menschliche Wracks zu edlen Rebellen hochstilisiert hätte; vielmehr schilderte er aufrichtig und voller Anteilnahme ihre Realität und ihre Träume. Und auch auf die Gefahr hin, mir von Waits einen mißbilligenden Blick einzuhandeln: er tat all dies mit den Mitteln eines Dichters. Mit seinen klarsichtigen und an unser Mitgefühl appellierenden Songs zog er uns magisch in seine Welt hinein, in eine Art urbanen Hades, der an die regennassen Straßen aus "Taxi Driver" erinnerte. In seinen Texten redete er nicht drumherum, und die Stimme, mit der er seine Alltagsgeschichten erzählte, klang, als würde er gegen seinen Kater jeden Morgen mit Kieselsteinen gurgeln.

Aber nicht diese Sturm-und-Drang-Attitüde nahm mich endgültig für "Small Change" ein; zu oft schon hatte ich, was Schallplatten betraf, den Fehler gemacht, mich in der Gesellschaft von Aussteigern wohlzufühlen, so als sei die Wahrheit nur ganz unten, auf dem Boden eines leergesoffenen Fasses, zu finden. Zwar legte Waits' Stimme die Vermutung nahe, er stünde mit allen Außenseitern der Welt auf Du, aber darüberhinaus hatte er erfreulicherweise Humor, und dieser Humor war es, der sein Album so vital und erfrischend klingen ließ.

Aber die Rockmusik hatte Mitte der siebziger Jahre nicht nur ihre Zielrichtung verloren, sie war in Pomp und tödlicher Langeweile erstarrt. Neben Dylans "Zeigefinger"-Songs hatten in den Sixties gleichberechtigt seine schelmischen Spaßstücke gestanden, und für jedes "Like A Rolling Stone" hatte es einen "Tombstone Blues" gegeben. Frank Zappa hatte in "We're Only In It For The Money" voller Sympathie und Sarkasmus die Hippie-Bewegung kommentiert, und die, leider Gottes, allzu früh von uns gegangene Bonzo Dog (Doo-Dah) Band hatte mit satirischem Biß die Dinosaurier der Rockmusik aufs Korn genommen, so in "Can Blue Men Sing The Whites?" und im klassischen "Canyons Of Your Mind": *"Each time I hear your name, oh, how it hurts, in the wardrobe of my soul, in the section labelled shirts!"* ["Jedesmal, wenn ich deinen Namen höre – oh, wie es mich schmerzt in der Garderobe meiner Seele, da, wo 'Oberhemden' draufsteht!"]

Abgesehen von ihrer wütenden Energie hatten die Punks auch einen bissigen Witz auf ihrer Seite, der sich vor allem darin äußerte, daß sie heißgeliebte Sixties-Oldies wie "Help!" oder "Nights In White Satin" mit ihrer Amphetamin-Energie in Grund und Boden prügelten. Doch abgesehen vom Punk gab es wenig zu lachen, es sei denn, man kaufte sich die Soloalben von David Crosby und Graham Nash.

Tom Waits schien zu jener Sorte Mensch zu gehören, die immer für einen guten Witz zu haben war, und außerdem besaß er die Fähigkeit, all jene knakkigen Beleidigungen und Bonmots vom letzten Kneipenabend, die jeder andere vergessen hätte, im Gedächtnis zu behalten und aufzuschreiben. Hatte Waits seinen Kater erst einmal unter Kontrolle, hatte man es meiner Meinung nach mit einem großen Talent zu tun, das nicht links liegen gelassen werden durfte; "Small Change" war also doppelt willkommen. Ich war überzeugt, daß Waits jetzt, da er das Kleingeld *[small change]* in seinen Taschen sortiert hatte, über kurz oder lang auch auf die großen Scheine in seinem verknitterten Anzug stoßen würde.

Man wußte nun, daß die voraufgegangenen drei Alben lediglich ein Vorspiel zum Hauptstück gewesen waren. In dem eindrucksvollen Opener "Tom Traubert's Blues" führte uns Waits seine Qualitäten in ihrer reinsten Form vor: die brummelnde Nebelhornstimme und die Verse, die von der urbanen Verzweiflung und der Isolation in der Großstadt erzählten, ohne jemals ins Rührselige abzugleiten. Waits brachte es sogar fertig, in seinen Song von 1976 den Chorus von "Waltzing Matilda" einzubauen: "'Waltzing Matilda' ist ungefähr 1903 geschrieben worden. Ich glaube, die Mädels, die es geschrieben haben, leben noch. Aber ich hab' deswegen keinen Ärger gekriegt. In England kommt es sogar echt gut an", erklärte Waits seinem Interviewer Bill Flanagan im Jahr 1987. "'Waltzing Matilda' löst da drüben ganz besondere Gefühle aus, weil es von Engländern handelt, die in den Krieg ziehen, die ihre Heimat verlassen. Matilda ist wie eine Art Rucksack immer mit dabei. Wenn man mit Matilda Walzer tanzt, heißt das, daß man *on the road* ist. Man ist nicht bei seiner Freundin, man ist auf der Walze. Bei mir war's so, daß ich zum ersten Mal in Europa war und mich ganz wie ein Soldat fühlte – fern der Heimat, betrunken an 'ner Straßenecke, ohne Geld, verloren. Ich hatte bloß einen Hotelschlüssel und wußte nicht, wo ich eigentlich war. Diese Art von Gefühl also."

In seinem Buch *"The Romance Of Song"* referiert der Autor Henry Lawson in heiliger Einfalt: "Dafür, daß jemand zu Fuß reist, kennt man in Australien zahlreiche und bildhafte Ausdrücke: '*humping bluey* [den Ranzen schultern]', '*walking Matilda* [Matilda spazierenführen]', '*humping Matilda* [Matilda schultern]', '*humping your drum* [seine Trommel schultern]', '*being on the wallaby* [das Känguruh spielen]'..."

Auch die Pogues, eine der Lieblingsbands von Waits', haben "Waltzing Matilda" in späteren Jahren mit großem Erfolg aufgegriffen, in ihrer Version von Eric Bogles grandiosem "The Band Played Waltzing Matilda", bis heute einer der entschiedensten und aufwühlendsten Antikriegssongs, die je geschrieben wurden.

Was das Titelstück "Small Change (Got Rained On With His Own .38)" anging, so gestand Waits: "Damit hab' ich mich sogar irgendwie selber beeindruckt", nannte als Inspirationsquelle den Film "Pete Kelly's Blues" [Jazzfilm von 1955, dt. Kinotitel: "Es geschah in einer Nacht", Regie und Hauptdarsteller: Jack Webb; Anm. d. Übers.] und gestand, daß sein Song auch Elemente von Mickey Spillane, Perry Mason, Damon Runyon und Nelson Algren enthielt.

Der Song ist eine wilde Tour de force, eine Odyssee durch die alptraumhafte Welt des Film Noir. Man sieht förmlich John Garfield vor sich, dem noch die Wettzeitung vom letzten Pferderennen aus der Gesäßtasche schaut, wie er neben der Jukebox in seinem eigenen Blut liegt, das auf dem abgewetzten Linoleumboden häßliche Flecken bildet, während die Cops – Edmund O'Brien und William Bendix natürlich – Witze über irgendein Hurenhaus in Seattle reißen *["...and the cops are tellin' jokes about some whorehouse in Seattle"].* Draußen im gelben Schein der Nachtbeleuchtung eines Ramschladens stehen unbeweglich "die nackten Schaufensterpuppen mit ihrem *Cheese*-Grinsen *[the naked mannikins with their Cheshire grins]"*, während die Stille der Nacht in der Ferne durch eine Sirene zerrissen wird, die an ein großes verwundetes Tier erinnert, das sich zum Sterben nach Hause schleppt. "Small Change" ist bloß ein Fall unter vielen aus dem Polizeibericht für diese Nacht.

Während unseres Treffens sprach Waits ausführlich von seiner Liebe zu New Orleans – "der Schoß der amerikanischen Musik!" –, eine Zuneigung, die nirgends deutlicher wird als in dem atmosphärischen "I Wish I Was In New Orleans", wo er einem "Tenorsaxophon, das mich nach Hause ruft", lauscht: *"that tenor saxophone callin' me home, and I can hear the band begin 'When The Saints Go Marching In'..."* New Orleans, das *Big Easy*, wo die Luft, wie Kerouac geschrieben hat, "so süß war, daß sie wie in weichen *Bandannas* [die großen, bunten Tücher der Mexikanerinnen; Anm. d. Übers.] hereinzukommen schien", diese unamerikanischste aller amerikanischen Städte, die sich an den schlammigen Mississippi schmiegt, auf dem früher die professionellen Spieler der Flußdampfer ihrem Gewerbe nachgingen, während die mahlenden Schaufelräder sie an den im Halbdämmer liegenden Herrenhäusern der Vorkriegszeit vorübertrugen. Die *Preservation Hall* von New Orleans, die Wiege des Jazz, wo das Schild über der winzigen Bühne die Aufschrift trägt: *"Requests, $5.00; 'The Saints', $10!* [Liederwünsche: $5.00 – 'The Saints': $10!]"

Das Album strotzt nur so von Waits' lakonischem Humor: "The Piano Has Been Drinking" beschreibt jene Art von Fegefeuer, durch das jeder von uns von Zeit zu Zeit geht – wo du die Kellnerin nicht mal mit einem Geigerzähler findest *["can't find your waitress with a Geiger counter"]*, wo dein Gesprächspartner "ein geistiger Zwerg mit dem IQ einer Zaunlatte" ist *["and the owner is a mental midget with the I.Q of a fence-post"]* und der Rausschmeißer wie ein Sumo-Ringer aussieht *["the bouncer is a Sumo wrestler"]*. "Step Right Up" handelt von einem wahrhaft universellen Allheilmittel – *"It entertains relatives... turns you into a nine-year-old Hindu boy... gives you an erection and wins the election"* [es bewirtet deine Verwandten..., macht aus dir einen neunjährigen Hindujungen..., schenkt dir eine Erektion und gewinnt die Wahl]" –

und gibt dir zum Schluß noch eine schlaue Lebensweisheit mit auf den Weg: *"the large print giveth, and the small print taketh away* [das Großgedruckte gibt dir, und das Kleingedruckte nimmt's dir wieder weg]". In "Jitterbug Boy" präsentiert sich Waits als allgegenwärtiger Angeber – als der Mann, der mit Marylin Monroe geschlafen und Rocky Marciano ausgeknockt hat, der sich mit Satchmo hat vollaufen lassen und mit Minnesota Fats Billard gespielt hat. Und im beißend sarkastischen "One That Got Away" schließlich nimmt ein Leichentuchschneider Maß für einen Urlaub in der Grube *["the shroud tailor measuring for a deep six holiday"]*.

Die Kehrseite in Waits' Songs ist die dunkle Landschaft des *American Dream* – wie in "Bad Liver And A Broken Heart": "Der Mond ist nicht romantisch, er ist höllisch einschüchternd" *["the moon ain't romantic, it's intimidating as hell"]*; und in "Small Change" sind die Träume "nicht zerbrochen, sie hinken bloß" *["the dreams aren't broken down here, they're walking with a limp"]*. Das ist das Revier, das Tom Waits nach und nach als sein eigenes absteckte: eine Gegend, in der sich all die Einzelgänger an windigen Straßenecken treffen oder sich, zum Leben verdammt, in ebenso windigen texanischen Kleinstädten wiederfinden, wo die gesamte Bevölkerung auf die Straße stürzt, wenn die Ampelfarben wechseln. Das ist das Personal von "Small Change": die Träumer, deren Träume auf dem Amboß der Habsucht in tausend Stücke zerschlagen worden sind. Waits sympathisiert zwar mit den Verlierern und Aussteigern, aber auch mit denjenigen, die sich gezwungen sahen zurückzubleiben – mit all jenen also, die nie ein Stück vom Kuchen abbekommen, sondern sich damit begnügen müssen, an der Verpackung herumzufingern.

Sogar auf dem Coverfoto von "Small Change" fühlte sich Waits sichtlich zu Hause, triefäugig und übermüdet in der Garderobe einer Stripperin – wie Woody Allen in "What's New Pussycat?" [Filmkomödie von 1965, Regie: Clive Donner, dt. Kinotitel: "Was gibt's Neues, Pussy?"; Anm. d. Übers.]: "Was machen Sie hier?" fragt Peter O'Toole. "Ich helfe den Mädchen beim An- und Ausziehen," antwortet Woody. "Wie sieht's mit der Bezahlung aus?" – "20 Dollar die Woche." – "Das ist nicht viel." – "Ich weiß, aber mehr kann ich mir nicht leisten." Waits war genau die Art von Statist, die von *Central Casting* [US-Agentur für Rollenbesetzungen; Anm. d. Übers.] vorbeigeschickt worden wäre, falls ein Filmproduzent einen waschechten Penner angefordert hätte. Er richtete seinen Blick auf die verdreckte Seite der Straße und zeigte sich als Chronist der *down-and-outs*, doch tat er dies als Mitfühlender und als jemand, der sich mit seinen Figuren solidarisierte, statt sie voller Abscheu wie durch ein Mikroskop zu betrachten.

In den Staaten ging Tom Waits erneut auf Tournee, merkte jedoch bald, daß ihm das Leben *on the road* nicht mehr alles bedeutete: "Dieser unwiderstehliche Zwang, auch in Iowa zu spielen, ist endlich von mir abgefallen." Allerdings war er bereit, die Spielregeln zu akzeptieren, die da lauteten: Wenn du ein neues Album herausbringst, mußt du auch auf Tournee gehen, um es zu promoten! Das hieß jedoch leider auch, daß er sich mit Disc-Jockeys und Fernsehmoderatoren auseinanderzusetzen hatte, die eher auf jemanden wie Rod

Stewart gehofft hatten; mit dem Typ, der da auf ihre Bühne stolperte, sich ans Piano hockte und einen Haufen Songs über Huren und Zuhälter, Fleischpasteten und G-Saiten *("Pasties And A G-String")* brummelte, wußten sie jedenfalls nichts anzufangen. Nach den Richtlinien für ein korrektes TV-Interview hatten Singer-Songwriter grundsätzlich dem Bild eines Elton John oder Barry Manilow oder Randy Newman oder Billy Joel zu entsprechen; *ein* Blick auf Tom Waits genügte allerdings, und jeder brave Fernsehmoderator langte in Panik nach seinem Sicherheitsgurt und machte sich auf einen stürmischen Abend gefaßt.

Ein Beispiel: die amerikanische TV-Show "Fernwood Tonight", 1977. Zunächst gelingt es Waits, seinen konsternierten Gastgebern einzureden, der einzige Grund, weshalb er überhaupt hier sitze, sei, daß sein Tour-Bus auf dem Weg zu einem Ort, an dem er in diesem Augenblick eigentlich viel lieber wäre, eine Panne gehabt habe. Später bringt er sogar das Kunststück fertig, einen verwirrten Interviewer um zwanzig Dollar anzupumpen ("Aber ich mußte den Vierjährigen als Sicherheit zurücklassen!"). Fragen nach seinem Background geschickt ausweichend ("Ich hab' ein Apartment an der Ecke Bedlam & Squalor"), gab Waits zunächst philosophische Statements von sich ("Ich bin immer der Meinung gewesen, daß die Realität etwas für Leute ist, die Drogen nicht aushalten"), ehe er sich zum Thema Musik äußerte ("Ich hab' gerade einen neuen Song geschrieben, 'Breakfast In Jail', der ist 'ne richtige Nummer zum Tanzen: 'Do The Breakfast In Jail!') und mit todernster Miene behauptete, sein neues Album werde den Titel *"Music To Seduce A Divorced Waitress By* [Musik, um eine geschiedene Kellnerin zu verführen]" tragen.

Zwischen den Tourneen zog sich Waits in sein Neun-Dollar-Zimmer im Tropicana zurück – zu seinem Klavier, das in der Küche auf ihn wartete, und zu seiner Freundin Rickie Lee Jones, die ebenfalls dort wohnte. RLJ wurde 1955 geboren und zog 1973 nach L.A., wo sie als Kellnerin arbeitete, bevor sie in die Bohème-Szene eintauchte, zu der auch Waits und Chuck E. Weiss gehörten; letzterem setzte sie später mit ihrem '79er Hit "Chuck E.'s In Love" ein Denkmal. Weiss selbst trat darüberhinaus als Co-Komponist eines Tracks auf Waits' "Nighthawks'-Album in Erscheinung, und sein Name stand auch unter den Songs "Jitterbug Boy" und "I Wish I Was In New Orleans".

Waits & Jones, das war einige Jahre lang ein fester Begriff für die Medien; ihr Name erschien auf dem Cover seines Albums "Blue Valentine", und sein ansonsten unveröffentlichter Song "Rainbow Sleeves" tauchte auf ihrem Mini-Album "Girl At Her Volcano" auf (und noch einmal, 1983, auf dem Soundtrack-Album zu Martin Scorseses exzellentem und grob unterschätztem Film "King Of Comedy"). Trotz ihrer Qualitäten als Songschreiberin und zeitweiliger Vergleiche mit der jungen Kathleen Turner kam Jones' Karriere in den achtziger Jahren unwiderruflich zum Stillstand, nicht anders ihre Beziehung zu Waits. Später vertraute sie dem Journalisten Timothy White an, die Beziehung zwischen ihr und Waits sei von vornherein zum Scheitern verurteilt gewesen, da Waits in Wahrheit bloß mit einem Haufen schreiender Kinder in einem Bungalow leben und die Samstagabende im *Drive-In* verbringen wollte.

Die wirkliche Gefahr bestand jedoch darin, daß Waits, statt sich ein gemütliches Zuhause zu schaffen, lieber jenen Lebensstil auslebte, den er in seinen Songs und seiner Bühnenshow vorführte: "Einen guten berauschten Abend alle miteinander!" war eben nicht nur ein forscher Begrüßungsruf; vielmehr beäugte Tom Waits sein Leben während dieser harten Tourneejahre tatsächlich durch das teleskopartige Bodenglas geleerter Flaschen. Es paßte zwar zu seinem "Image" des versoffenen Poeten, des umnebelten Schwadroneurs, des professionellen Belauschers der Straßenexistenzen, doch es forderte auf die Dauer seinen Tribut. Die meisten Interviews mit Waits fanden im feuchtfröhlichen Ambiente von Bars statt, und entsprechend angeheitert war auch unser Held. Waits hatte einen überzeugenden Rollencharakter erfunden und fühlte sich nun auch verpflichtet, ihn restlos auszufüllen.

Natürlich konnte er auf bemerkenswerte Vorläufer verweisen – Brendan Behan und Dylan Thomas, dem einmal im Vollrausch die Bemerkung entschlüpft war: "Irgendjemand hier geht mir auf die Nerven – ich glaube, ich bin's." Als Gesprächspartner war Waits für die Medien weiterhin von unschätzbarem Wert, denn nicht weniger als seine offiziellen Gigs inszenierte er seine Interviews als bühnenreife Auftritte; doch aufgrund des unablässigen Nachschubs an harten Drinks begann er allmählich alle Symptome des klassischen Trinkers zu zeigen: "Gestern abend war ich indisch essen, und es war so schlecht, daß ich nicht wußte, ob ich es aufessen oder einrahmen und an die Wand hängen sollte", verkündete er Mike Flood Page in einem Gespräch 1976 gleich dreimal innerhalb von zwei Stunden.

Zyniker hielten Waits für einen Scharlatan und für genau die Sorte Säufer, um die man in jeder Bar einen großen Bogen machte, weil man nur zu genau wußte, daß er einen gleich anquatschen und einem die Ohren volljammern würde über irgendeine Kellnerin, die er angeblich kannte und die natürlich genauso aussah wie Lana Turner. Was seinen Kritikern nicht minder mißfiel, waren die Hemmungslosigkeit, mit der Waits den Beat-Mythos plünderte, seine aufdringlich zur Schau gestellte Verehrung für irgendwelche obskuren Jazzer und nicht zuletzt dieses Mundwerk, das ständig in Bewegung war. Und als wollte er die Zweifler von seiner Glaubwürdigkeit überzeugen, tat Waits sein Bestes, damit seine Stimme immer mehr in die Brüche ging, kippte ganze Brauereien in sich hinein und schwatzte weiter munter drauflos. Fans hatte er allerdings auch.

Waits' Verehrer ergötzten sich an seiner heruntergekommenen Erscheinung, schätzten seine Lästereien und seine *After-hours*-Ansichten und delektierten sich daran, daß alles, was er von sich gab, ganz offensichtlich den Prüfstempel der Straße trug. Wenn Tom Waits über einen Aussteiger sang ("The One Who Got Away"), schwelgten sie in dem Bewußtsein, daß er selbst *unten* gewesen war, *down at the bottom;* Waits speiste sie nicht mit einem "Reader's Digest"-Report über die Ramschseite des Lebens ab – Tom war *wirklich* dort gewesen und hatte Fusel gesoffen.

Mehr und mehr schmerzte Waits jedoch das Ausbleiben des kommerziellen Erfolgs, den "Small Change" seiner Meinung nach verdient hatte: "Ich werde im Radio nicht gespielt. Nie. Marcel Marceau ist öfter zu hören als ich!" Das musikalische Klima des Jahres 1977 war für eine Figur wie Waits nicht besonders günstig. Man war gefangen zwischen zwei Extremen, dem harmlosen A.O.R.-Pop von Fleetwood Mac und den Eagles auf der einen Seite und dem nihilistischen Feuer der Sex Pistols auf der anderen. Irgendwo weitab von diesen beiden Polen, auf einem eigenen Stern und vermutlich wieder einmal betrunken, hockte Tom Waits mit seinem schmuddeligen *Lowlife Jazz*. Nach dem Kritikererfolg von "Small Change" erntete Waits zwar Beifallsstürme von denen, die ihn schätzten, doch was das breite Publikum anging, hatte er sich planmäßig jegliche Aussicht auf eine bequeme Marktnische verbaut. Eine Stimme wie die seine taugte einfach nicht für gemütliches *Easy Listening* – sie *konnte* nicht dafür taugen.

"Foreign Affairs" war kein so geschlossenes Album wie sein Vorgänger, obwohl es mit "Potter's Field" und "Burma Shave" nicht nur zwei klassische Waits-Songs, Postkarten aus dem Herz der Finsternis, enthielt, sondern auch "I Never Talk To Strangers", jenes Duett mit Bette Midler, das den Regisseur Francis Ford Coppola erstmals auf Waits' Arbeit aufmerksam machte.

Hinter der Bühne mit Rickie Lee Jones im Londoner Dominion Theatre

Im wesentlichen war das Album das Ergebnis von Waits' voraufgegangener Europa-Tournee und seiner geschärften Wahrnehmungsfähigkeit für sein eigenes Land, die dieser Auslandsaufenthalt bewirkt hatte. "Jack And Neal" war das längst überfällige Vinyldokument, mit dem Waits den Einfluß, den Kerouac und Cassidy auf ihn gehabt hatten, bezeugte; "Muriel" und "A Sight For Sore Eyes" hingegen waren zwei wunderschöne, bittersüße Liebeslieder mit einigen von Waits' verführerischsten Melodien.

Im Zentrum des Albums standen jedoch zwei lange Songs, in denen eine Geschichte erzählt wurde. "Potter's Field" traf den Hörer "von der Schwelle zum Traum eines Wahnsinnigen [*from the edge of a maniac's dream*]" – eine düstere odysseehafte Saga von Verrat und enttäuschtem Vertrauen, bevölkert von zwielichtigen Gestalten, die ihre Mutter verkauft hätten, "wenn man sie in Whiskey ausbezahlt hätte [*if it was whiskey that they paid*]". Zu "Burma Shave" hatte sich Waits durch Nick Rays Film von 1947, "They Live By Night", inspirieren lassen, dessen Hauptdarsteller Farley Granger im Song auch erwähnt wird – ein messerscharfes, nervöses Stück, in dem die Welt aus derselben Perspektive betrachtet wurde wie in James C. Cains "The Postman Always Rings Twice" ["Wenn der Postmann zweimal klingelt"]. In Waits' Song sieht man dieselbe tote Kleinstadt vor sich wie im Roman von Cain; die Trucks donnern auf dem Highway vorbei, und "jeder steht mit einem Fuß im Grab [*everybody's got one foot in the grave*]". Auf diesem Friedhof der Gefühle wirkt allein der Gedanke, daß es irgendwo auf der Welt einen Ort wie "Burma Shave" gibt, wie ein Lebenselixier: der Ort wird zum *"Shangri-La"*, dem mythischen Paradies ewiger Jugend und Schönheit, das all jene lockt, die dazu verdammt sind, bei lebendigem Leibe tot zu sein in diesem erstickend engen Provinznest. Man spürt förmlich die Erregung, die den überkommt, der auf der Flucht die Getreidespeicher im Rückspiegel zählt *["count the grain elevators in the rear view mirror"]*, von denen ihm jeder einzelne sagt, daß er Marysville wieder ein Stück weiter hinter sich gelassen hat.

Es war ein Ort, wie ihn besser als jeder andere Malcolm Muggeridge im Jahr 1958 beschrieben hat: "Während ich in der Nacht nach Athens, Ohio, (3450 Einwohner) reinfuhr, fielen mir vier helle, bunte Reklameschilder auf, die aus der Dunkelheit herausstachen: *"Gas"*, *"Drugs"*, *"Beauty"*, *"Food"*. Hier, dachte ich, ist es auf den Punkt gebracht, die Logos unserer Zeit, dargeboten in grandioser Einfachheit. Es war wie eine Vision, in der mit einemmal die ganze Komplexität des Lebens auf eine einzelne unwiderlegbare These reduziert war. Diese Schilder hätten genausogut in Athen, Griechenland, wie in Athens, Ohio, aus dem Dunkel leuchten können. Die ganze Welt liebt Lucy."

Waits ließ sich Zeit mit einem Nachfolgealbum für "Foreign Affairs", aber er saß keineswegs untätig herum. Da er begierig war, den ewigen Tour-Album-Tour-Kreislauf zu durchbrechen, spielte er in einem von Sylvester Stallones Post-"Rocky"-Filmen, "Paradise Alley" von 1978, einen Pianisten mit dem treffenden Namen Mumbles [etwa: "Nuschler"; Anm. d. Übers.]. Ehe sich Stallone in der Rolle des klotzköpfigen John Rambo zum personifizierten nationalen Gewissen Amerikas aufschwang und bevor Rocky Balboa zu einem Bannerträger der Rechten wurde, war Stallone noch bereit, Risiken einzugehen. Rockys erstes Abenteuer war ein unterhaltsamer Film über einen etwas phlegmatischen Underdog, der dem *Italian Stallion* [italienischer Zuchthengst] schmeichelhafte Vergleiche mit dem jungen Brando eintrug. "Paradise Alley" war der kompetente Versuch, an die in den vierziger Jahren vom Warner-Brothers-Studio produzierten *Hell's Kitchen*-Dramen aus New York anzuknüpfen. Waits hustete und spuckte sich auf überzeugende Weise durch seine Rolle als Barpianist; darüberhinaus enthielt der Film einen der frühesten Auftritte von Anne Archer, die später als betrogene Ehefrau in "Fatal Attraction" [dt. Kinotitel: "Eine verhängnisvolle Affäre"; Anm. d. Übers.] zu internationalem Ruhm gelangen sollte. Zwar gab Waits später zu, daß er sich auf den Stallone-Film nur des Geldes wegen eingelassen hätte; trotzdem war es für ihn eine nützliche Erfahrung, die ihm Appetit auf mehr Filmarbeit machte.

Ein weiteres Projekt zwischen seinen Plattenveröffentlichungen war ein Drehbuch mit dem Titel *"Why Is The Dream So Much Sweeter Than The Taste?"*; es handelte "von einem Gebrauchtwagenhändler und dem Stadionsprecher auf 'ner Pferderennbahn, die ihre Identitäten tauschen". Idee und Originalfassung des in Zusammenarbeit mit Paul Hampton, einem Mitarbeiter des Songschreibers Burt Bacharach, verfaßten Skripts hatte Waits im Alleingang entwickelt; das Werk trug den phantasievollen Titel "Used Carlotta". Leider sollte das Drehbuch unverfilmt bleiben; einzelne Elemente tauchten allerdings in dem Waits-Song "Christmas Card From A Hooker In Minneapolis" wieder auf: "*I wish I had all the money we used to spend on dope, I'd buy a used car lot and I wouldn't sell any of 'em, I'd just drive a different car every day, depending on how I feel* [Ich wünschte mir, ich hätte all das Geld, das wir damals für Dope ausgegeben haben, ich würde mir eine Gebrauchtwagenhandlung zulegen und würde keinen einzigen verkaufen, sondern bloß jeden Tag einen anderen Wagen fahren, je nachdem, wie ich mich gerade fühle]". Mit Autos im Dutzend bekam es Waits auch in "One From The Heart" zu tun; in einer der rührendsten Szenen des Coppola-Films dirigiert Frederic Forrest mit Hilfe eines Ölmeßstabs ein Orchester aus Schrottwagen.

Eine weitere Herausforderung kam auf Waits zu, als der belgische Zeichner Guy Peellaert – berühmt für seine gezeichneten "Rock Dreams" – bei ihm anfragte, ob er die Texte zu Peellaerts Bildern von Las-Vegas-Größen wie Liberace, Frank Sinatra, Judy Garland, Howard Hughes und anderen verfassen würde. Aus verschiedenen technischen Gründen kam das Waits-/Pellaert-Buch nie zustande, und schließlich war es Michael Herr, der Autor von "Dispatches" [dt. Titel: "An die Hölle verraten"; Anm. d. Übers.], dem besten Buch, das je über den Vietnamkrieg geschrieben wurde, der den Text für Peellaerts Portraitgalerie verfaßte, die 1986 unter dem Titel "The Big Room" herauskam.

Ungefähr zur selben Zeit wurde aus Waits' Zweifeln an der Musikindustrie und der anscheinend unbedeutenden Rolle, die er in ihr spielte, eine ernste Desillusionierung. Drei Jahre später berichtete er mir rückblickend: "Ich war damals total enttäuscht vom Musikbusiness. Ich zog nach New York und machte mir ernsthaft Gedanken über mögliche Karriere-Alternativen. Der ganze

Modus Operandi" – und aus seinem Munde klang das Wort, als handele es sich um einen besonders gefährlichen Zweig der Cosa Nostra –, "dieses Sich-Hinsetzen und Schreiben und Plattenmachen und Auf-Tour-Gehen mit einer Band! Drei Monate lang wegsein, mit hohem Blutdruck zurückkommen, das Alkoholproblem, Tuberkulose, die ewig gleichen Witze! Es wurde einfach alles vorhersehbar!"

Als Waits im Sommer 1978 wieder im Studio war, wurde diese Vorhersehbarkeit offenkundig. "Blue Valentine" war Waits fünftes Studioalbum, und obwohl er nun häufiger das Piano gegen eine elektrische Gitarre eintauschte, wurde man das Gefühl nicht los, alles schon einmal gehört zu haben. "Romeo Is Bleeding" klang in meinen Ohren wie ein blasses Remake von "Small Change", und trotz aller Mühe, die er sich gab, konnte nicht einmal Waits verhindern, daß "Blue Valentine" in Wahrheit wie eine Tom-Waits-Parodie klang.

Das Album beginnt mit Waits' Anschlag auf "Somewhere" aus der "West Side Story". Waits argumentierte, seit P.J. Proby habe niemand mehr den Song ordentlich aufgenommen, und nun sei es eben seine Aufgabe, das zurechtzurücken. Auf dem Rest des Albums wankte er durch vertrautes Tom-Waits-Terrain, wobei er sein Gift gegen alle verspritzte, die er für die Zerstörung heiliger Träume verantwortlich machte. In seinen besten Momenten dokumentierte das Album Waits' selbstbewußte Rückeroberung seines angestammten Territoriums, und zweifellos gab es nicht viele, die Songs schrieben mit Titeln wie "Christmas Card From A Hooker In Minneapolis [Weihnachtskarte von einer Nutte in Minneapolis]" oder "A Sweet Little Bullet From A Pretty Little Gun [Eine süße kleine Kugel aus 'ner netten kleinen Knarre]".

Der beste Song des Albums, "Christmas Card From A Hooker In Minneapolis" ist ein Offener Brief, der einem das Herz bricht – halb Wahrheit, halb Fiktion: das Heraufbeschwören einer alten Liebesaffäre in einem Szenario mit Tankstellen, Gebrauchtwagenplätzen und Schallplatten von Little Anthony & The Imperials, eine Schilderung, die in der Schlußstrophe brutal weggewischt wird durch das Eingeständnis, daß sie nur dazu dienen sollte, den Empfänger des Briefs um Geld anzupumpen. Alles war nur eine traurige Erfindung – da war nie ein Ehemann, der Posaune spielt, sondern nur eine Frau, die versucht hat, sich eine Vergangenheit auszudenken, die es nie gegeben hat. In Konzerten schickte Waits dem Song als Vorspiel häufig "Silent Night" [Stille Nacht, heilige Nacht] voraus und baute auch, um die Szene weiter auszumalen, einen kleinen Ausschnitt aus Little Anthonys '64er Hit "Goin' Out Of My Head" ein.

Was seinen Gesang anging, so verzichtete Waits diesmal weitgehend auf seine Röhr-und-Röchel-Exzesse, mit denen er das vorige Album "Foreign Affairs" großenteils ruiniert hatte; nicht etwa, daß er zu den milden Tönen seines Debüts zurückgekehrt wäre – er hatte seine raspelnden Stimmbänder bloß besser unter Kontrolle. Seine Fähigkeit, mit Worten umzugehen, war so intakt wie eh und je – in seinen besten Momenten schaffte er es, ebenso suggestive Traumszenarios zu entwerfen wie sein alter *Compadre* Bruce Springsteen, nur daß Waits' Träume weitaus düsterer waren; er hatte ein Gespür für die angeborenen Schwächen seiner Helden, identifizierte sich mit ihrem mißlichen Schicksal und erkannte ihre Verzweiflung. Waits' Figuren hatten keine Würde mehr zu verlieren, sondern besaßen gerade noch jenen Funken Energie, der nötig war, um noch einmal zurückzuschlagen und nicht gleich zu Boden zu gehen. Von erhebenden *glory days* war jedenfalls nicht die Rede, wenn Waits' über "traurige Valentinsgrüße" ["Blue Valentines"] sang oder über das Pfeifen auf dem Friedhof ["Whistlin' Past The Graveyard"]; und der einzig erhebende Anblick bot sich dann, wenn der Dreck aus der Gosse weggeschwemmt wurde: *"My eyes have seen the glory of the drainin' of the ditch"*.

Obwohl er mittlerweile bekannt war für seine Schilderungen aus dem Pennermilieu, hatte Tom Waits auch eine mildere Seite, die beispielsweise in dem rührenden "Kentucky Avenue" zum Ausdruck kam, einem autobiographischen Song, in dem der Komponist einen zärtlichen Blick zurück auf seine Kindheit wirft. Doch auch dies war – in typischer Waits-Manier – keine gefühlsduselige, verklärende Erinnerung: "Kentucky Avenue" schließt mit dem Wunschtraum, es bis nach New Orleans zu schaffen, aber nicht bevor Waits seine Heldin aus ihrem Rollstuhl und ihre Beine von den Fesselgurten befreit hat.

Was das Aufnehmen von Platten anging, genoß Waits beträchtliche Freiheiten. Von Anbeginn war man sich bei der Firma Asylum wohl darüber im klaren, daß dieser Mann sie wohl kaum in die Lage bringen würde, daß sie mit dem Pressen von Platinplatten oder dem Versenden von Promotionexemplaren an Top-Forty-Stationen nicht mehr nachkamen. Aber auch angesichts der Freiheiten, die man ihm ließ, spürte Tom Waits den brennenden Wunsch, sich an etwas Substantielleres heranzuwagen zu einem Zeitpunkt, da sich die Siebziger wie eine kaputte Musicbox, die ihre alten 45er nur noch mit Mühe über die Runden bringt, unwiderruflich ihrem Ende zuneigten.

VIER

Bis zum Hals in Napalm und Dschungel, gestrandet auf den Philippinen mit einer Idee, die allem Anschein nach sogar dieses 31-Millionen-Dollar-Budget sprengen wird, gelangt Francis Ford Coppola zu zwei Einsichten: 1. Er ist ein Künstler. 2. Er wird langsam, aber sicher verrückt.

Schlamm, Blut und Gewehrkugeln sind ihm näher als die Mitglieder seiner eigene Familie. Coppola hat auch schon früher Schlachten für seine Filme geschlagen, aber diesmal ist es ein Krieg. Er ist der Befehlshaber einer Armee, die den blutigen Wahnsinn des Kriegs in vollem Umfang auf die Leinwand zu bringen versucht und die das Unmögliche anstrebt: *"the horror, the horror"*.

Vergleiche mit einem anderen Hollywood-Wunderkind drängen sich auf: Als Vorlage für sein Vietnam-Epos dient Coppola Joseph Conrads Roman von 1902, "Das Herz der Finsternis"; vierzig Jahre zuvor hatte aus demselben Conrad-Roman ein anderer junger Regisseur namens Orson Welles seinen ersten Film machen wollen, war jedoch schließlich gezwungen gewesen, sich auf seine eigene Phantasie zu verlassen und ein anderes Werk zu schaffen: "Citizen Kane".

Auf den Philippinen ist das finanzielle Budget völlig außer Kontrolle geraten und hat sämtliche Gewinne aus Coppolas phänomenal erfolgreichen "Pate"Filmen verschlungen. Steve McQueen, Al Pacino und Gene Hackman haben Rollen in Coppolas Neuerschaffung Vietnams ausgeschlagen. Martin Sheen, die letzte Wahl Coppolas, hat während der Dreharbeiten einen Nervenzusammenbruch erlitten. So kann es wenigstens, räsonniert der mephistophelische Coppla, nicht mehr schlimmer kommen... Sheen erleidet einen Herzanfall. Während der Arbeit an einer Szene, in der eine Helikopterschwadron zu Wagner-Klängen ein ganzes Dorf mit Napalm niederbrennt, stellt Coppola plötzlich fest, daß er zu den Hubschraubern vom Boden aus keinen Funkkontakt herstellen kann. Schließlich kommt der angekündigte Hurrikan, und immer noch gilt der GI-Spruch: "CHARLIE DON'T SURF!"

"'Apocalypse Now' ist kein Film. Er handelt nicht *von* Vietnam, er *ist* Vietnam", gestand Coppola später. "Wir waren im Dschungel; wir waren zu viele; wir hatten zuviel Geld im Rücken, zuviel Ausrüstung. Und das führte dazu, daß wir langsam wahnsinnig wurden." Aber aus diesem Wahnsinnn entstand die reine Magie: Sheens Suche nach dem ungreifbaren, phantomhaften Kurtz, den Marlon Brando spielt, bleibt eine der beeindruckendsten Odysseen des Kinos – eine Reise, die damit beginnt, daß die Leinwand in einem Napalmflammenmeer von schrecklicher Schönheit zu explodieren scheint, und die mit der coolen Stimme von Jim Morrison endet, die uns mitteilt, daß dies *The End* ist.

Trotz der Tatsache, daß der fertige Film bis heute der einzige ist, der den Wahnsinn, das Ausmaß und die schiere Sinnlosigkeit des Vietnamkriegs ungeschmälert widergibt, wurde "Apocalypse Now" an den Kinokassen nie zu dem durchschlagenden Erfolg, der notwendig gewesen wäre, um Coppolas Achterbahnkarriere wieder aufs aufsteigende Gleis zu befördern. Was Francis dringend brauchte, war ein kleiner, stiller, bescheidener Film, der ihn aus dem Schlamassel herausholte und seine zerrüttete geistige Gesundheit wiederherstellte. Doch die Realisierung dieses Films, der den Titel "One From The Heart" trug, sollte drei Jahre in Anspruch nehmen und dazu führen, daß Francis Ford Coppola an deren Ende mit dem Begriff "Bankrott" erneut auf familiärem Fuß stand.

Coppola war einst der "Pate" des Neuen Hollywood gewesen, zu dem George Lucas, John Milius, Steven Spielberg, Martin Scorsese und andere gehörten, und genoß in einer Industrie, die Anpassung für den sichereren Weg zum Erfolg hält, den Ruf eines rebellischen Einzelgängers. Mit seinem Talent und seiner visionären Phantasie hatte Coppola gelegentlich auch kommerziellen Erfolg gehabt: So hatte er für sein Skript zu dem vielgerühmtem Kriegsepos "Patton" mit George C. Scott [dt. Kinotitel: "Patton – Rebell in Uniform", 1969, Regie: Franklin J. Schaffner] einen Oscar erhalten, hatte ein bemerkenswertes Drehbuch für die 1974er Verfilmung von F. Scott Fitzgeralds Roman "Der große Gatsby" verfaßt und geduldig Lucas' Film "American Graffiti" gefördert, zu einer Zeit, als kein anderer Produzent etwas damit zu tun haben wollte.

Obwohl als Regisseur keineswegs die erste Wahl für das Projekt, war es Coppola gewesen, der aus Mario Puzos trivialem Roman "Der Pate" bis 1974 nicht nur einen, sondern gleich zwei brillante Filme gemacht hatte, wobei "Der Pate, Teil II" sich nicht zuletzt dadurch auszeichnet, daß er die einzige Fortsetzung eines Erfolgsfilms gewesen ist, die je einen Oscar als "Bester Film" gewonnen hat. Die beiden "Pate"-Filme hatten Coppola zu einem ungeheuer gefragten Regisseur gemacht; nun konnte er es sich leisten, Angebote zu machen, die niemand ablehnen konnte. Doch anstatt auf Nummer Sicher zu gehen, suchte er erneut das unkalkulierbare Risiko.

Schon 1969 hatte der 30-jährige Coppola davon geträumt, in Hollywood ein unabhängiges Filmstudio zu betreiben, ein Studio, das neue Talente fördern und eine Fabrik für die besten Elemente des neuen amerikanischen Kinos sein würde. Aber dieser Traum wurde erst Wirklichkeit, als der Geldsegen aus den beiden "Pate"-Filmen auf ihn niederzuregnen begann und es deutlich wurde, daß ihm die nötigen Mittel zur Verfügung stehen würden. Das Zoetrope-Studio ("Zoetrope", griech.: "Rad des Lebens") entstand 1980, als Coppola für rund sieben Millionen Dollar die alten "Hollywood General Studios" in Los Angeles erwarb.

Der Name, den sich Coppola für sein neues Studio ausgesucht hatte, sollte den Gemeinschaftscharakter des Unternehmens signalisieren. Im 19. Jahrhundert hatte man unter Zoetrope jenes Gerät verstanden, mit dem erstmals mehrere Personen gleichzeitig scheinbar bewegte Bilder betrachten konnten. Eine zylindrische Metalltrommel war seitlich rundum mit einer Reihe von Schlitzen versehen, durch die der Zuschauer die Zeichnungen auf einem Papierstreifen im Inneren betrachten konnte, die, wenn man das Gerät in eine Drehbewegung versetzte, die Illusion bewegter Bilder vermittelten. Diese Papierstreifen waren relativ billig herzustellen und leicht zu verändern, so daß jeder seine eigene Sammlung aufbauen konnte. Nach einem harten Tag im Dienste Ihrer Majestät schätzte ein Mitglied der gebildeten Stände im Viktorianischen Zeitalter kaum etwas mehr, als sich vor einem flackernden Zoetrope zu entspannen, bevor er sich mit dem neuesten Dickens in eine gemütliche Ecke zurückzog.

Die eskalierenden Schwierigkeiten, die in den fünf Produktionsjahren von "Apocalypse Now" auftraten, hatten dazu geführt, daß sich der Filmmogul auf den Philippinen inmitten einer Kostenspirale wiederfand, die sich mit schwindelerregender Geschwindigkeit drehte. Nach diesem Abenteuer hoffte Coppola darauf, daß sich sein erster Zoetrope-Film als eine Art Ventil für den Überdruck in seiner Psyche erweisen würde. Er brauchte ein Projekt, das ihm erlaubte, Dampf abzulassen, und das ihm den Wahnsinn, den er im Dschungel selbst geschaffen hatte, vergessen half. Coppola hatte jedoch nicht nur das Bedürfnis, sich von dem unerträglichen Druck seines Vietnam-Epos zu befreien; mehr noch benötigte er einen billigen, unterhaltsamen Film, einen schnellen Erfolg, der Zoetrope half, aus den Startlöchern herauszukommen.

Mit einigem Interesse hatte Coppola ein Drehbuch gelesen, das ihm von Armyan Bernstein vorgelegt worden war – eine Geschichte, die in New York spielte, eine "Phantasie über romantische Liebe, Eifersucht und Sex", die Coppola sofort gefesselt hatte. Zu dieser Zeit hatte er im Hinterkopf bereits verschiedene Ideen, die er in seinen nächsten Film unbedingt einbauen wollte. Einige Jahre zuvor, als er eine Bühnenfassung von Noel Cowards Stück "Private Lives" inszeniert hatte, hatte er sich zum ersten Mal mit der Idee angefreundet, Songs nicht bloß als Background-Musik einzusetzen, sondern als unmittelbaren Kommentar zu den Charakteren, ihren Handlungen und Motiven. Und erst kürzlich hatte sich ein zunehmend mehr vom japanischen Kabuki-Theater faszinierter Coppola während eines Spaziergangs über die Ginza, die glitzernde Einkaufsstraße von Tokio, unwiderstehlich an Las Vegas, "die letzte Grenze Amerikas", erinnert gefühlt. Und in seiner kreativen Phantasie hatte Coppola Bernsteins Love-Story bereits von Chicago nach Vegas verlegt.

Für Coppola symbolisierte Las Vegas viele verschiedene Aspekte des modernen Amerika: das emotionale und intellektuelle Vakuum eines isolierten, mitten in der Wüste von Nevada aufragenden Neon-Sodom; die Fluchtburg, in die sich der paranoide Eremit Howard Hughes zurückzog und in der Elvis Presley in glamouröser Pracht Hof hielt und wo rund um die Uhr die Einarmigen Banditen von gierigen Horden attackiert wurden, die alle nach einem eigenen, möglichst großen Stück vom Kuchen des *American Dream* lechzten. In Coppolas Augen war Las Vegas der ideale Background für seinen Film, in dessen Mittelpunkt eine ganz einfache Liebesgeschichte stand: 24 Stunden im Leben eines Paares, das am Wochenende des 4. Juli, dem amerikanischen Unabhängigkeitstag, alle emotionalen Höhen und Tiefen seiner Beziehung durchlebt, das sich verliebt, das sich *ent*liebt, das auseinandergeht und sich wieder zusammenfindet, und das alles unter dem kalten, grellen Neonlicht von Vegas.

Eine komplexe und Millionen Dollar teure *State-of-the-art*-Technik stellte sicher, daß Coppola bereits in der Vorproduktion zwei Millionen Dollar einsparen konnte – so lange jedenfalls, bis er sich entschloß, auf dem Zoetrope-Gelände sein eigenes Las Vegas zu bauen, mit einem Kostenaufwand von fast fünf Millionen Dollar! Die Hauptakteure in "One From The Heart" [dt. Kinotitel: "Einer mit Herz"] – Frederic Forrest, Nastassja Kinski, Raul Julia und Teri Garr – gehörten bereits zum Zoetrope-Stall, und Coppola hatte ganz klare Vorstellungen davon, wie die Filmmusik als integraler Bestandteil in die Geschichte eingebaut werden sollte: Die Songs sollten Hand in Hand mit dem Drehbuch geschrieben und nicht erst später hinzugefügt werden. Ganz begeistert sprach der Regisseur davon, auf "diese ganze psychologische Motivationskiste" zu verzichten und stattdessen "die Personen als Teil einer Gesamtkomposition einzusetzen, in der Bauten, Schauspieler, Dialog, Farbe... alle den gleichen Stellenwert haben."

"'One From The Heart' war die lohnendste Erfahrung, die ich gemacht habe, seit ich angefangen habe zu arbeiten", erzählte mir Tom Waits während der Zeit, da er von den Dreharbeiten zu Coppolas Film beurlaubt war. "Francis ändert ständig seine Meinung, wenn er in einem Film steckt, und wurschtelt sich dann irgendwie durch... Er ist ein kreativer Einzelgänger, dem all diese Bosse mit ihren dicken Zigarren mißtrauisch gegenüberstehen. Er bleibt seinen Prinzipien treu, denn ein Filmstudio ist, wie schon Orson Welles gesagt hat, der beste Ausbildungsplatz, den man sich nur wünschen kann. Coppola betrachtet alles noch immer wie mit den Augen eines Kindes, selbst dann, wenn er gerade von einem Business-Meeting kommt. Ich war ein sehr undisziplinierter Songschreiber, bis ich anfing, mit Francis zu arbeiten... Die Zeiten, in denen du für eine große Firma arbeitest, sind nicht unbedingt dieselben Zeiten, in denen du dich selbst künstlerisch weiterentwickelst."

Gerüchten zufolge hatte Coppola zunächst an Van Morrison als Komponist für seine Filmmusik gedacht; doch auch Al Stewart könnte sich um den Auftrag beworben haben, hatte er doch bereits 1981 für seinen Song "Here In Angola" folgenden attraktiven Vers verfaßt: *"Take another sip of your cola/You'll be the colonel of the cavalry/I'll be Francis Ford Coppola* [Nimm noch einen Schluck von deiner Cola/Du wirst der Kavallerie-Oberst sein/und ich Francis Ford Coppola]". Als Coppola jedoch das Tom-Waits-/Bette-Midler-Duett "I Never Talk To Strangers" hörte, wußte er, daß er nicht weiter zu suchen brauchte. Als Waits' Partnerin war ursprünglich auch Bette Midler vorgesehen gewesen, doch vertragliche Verpflichtungen führten dazu, daß an ihrer Stelle schließlich die Country & Western-Sängerin Crystal Gayle engagiert wurde. Waits selbst war erfreut darüber, daß man ihm zutraute, mit den komplexen Aufgaben, die die musikalische Untermalung eines Films mit sich bringt, fertig zu werden; und so verbrachte er fast zwei Jahre damit, an seinem Beitrag für "One From The Heart" zu feilen.

Die Bedeutung von "One From The Heart" in Tom Waits' Karriere bestand nicht nur darin, daß ihm der Film die Gelegenheit bot, einen Multi-Millionen-Dollar-Film musikalisch mitzugestalten; der Film markierte zugleich den Zeitpunkt seiner Mündigkeit als Songschreiber. Bis zu seinem *Full-time*-Job bei Coppola hatte Waits all seine Songs lediglich spontan komponiert. Für jedes Album hatte er etwa zwanzig Songs geschrieben, die er anschließend sortierte und auf das benötigte Dutzend reduzierte. Hinzu kam, daß er nach eigenem Eingeständnis einen wesentlichen Teil seiner Inspiration dem einen oder anderen Drink verdankte.

"One From The Heart" war anders. Man stellte Waits in einem Büroraum auf dem Zoetrope-Gelände ein Piano zur Verfügung, und er begab sich täglich dorthin, um gemeinsam mit Coppola an den Songs zu arbeiten und ihren Platz im Herzen von Coppolas Film festzulegen. Waits verglich die Situation, in der er sich bei diesem Projekt befand, mit der eines jener alten *Brill-Building*-Lohnschreiber; zugleich war er jedoch voll überschwenglichem Lob für Coppola und seine bewundernswerte Entschlossenheit, seinen Traum zu verwirklichen. Die Disziplin, die das Komponieren einer Filmmusik und auch Coppola persönlich von ihm forderten, gab ihm anhaltendes Selbstvertrauen und brachte auch etwas von der so dringend benötigten Ordnung in sein persönliches Chaos – eine Erfahrung, für die Waits dankbar zu sein allen Grund hatte.

In einem Interview mit Dermot Stokes von "Hot Press" erklärte Waits: "Coppola ist wirklich der einzige Filmregisseur in Hollywood, der ein Gewissen hat..., der selbstlos ist in dem Sinn, daß er sich als Katalysator und als Teil von etwas viel Größerem sieht. Er macht sich eine Menge Gedanken über die Zukunft des Kinos... Die meisten anderen sind doch Egomaniacs und geldschaufelnde Bastarde... Ihm geht es darum, nicht bloß eine eigene Theaterfabrik aufzubauen, sondern auch... einen Ort zu schaffen, wo man sich emotional voll ausleben kann und wo man sich mit jedem Aspekt der Schönen Künste befaßt. Francis ist sehr musikalisch und einer der warmherzigsten, offensten, sensibelsten, verrücktesten, phantasievollsten Menschen, die ich je getroffen habe. Er hat mir ein eigenes Büro gegeben mit einem Piano, Jalousien, Holztäfelung und Blick auf eine Tankstelle! Ich bin jeden Morgen aufgestanden, hab' mich rasiert, hab' mir einen Anzug angezogen und bin zur Arbeit gegangen..."

"Francis hat am Drehort mit einem PA-System gearbeitet. Wenn er probt, spielt er die Musik vor, und die Schauspieler können zuhören und sich daran gewöhnen, diese Melodie zu hören, während sie an einer Szene arbeiten. Es hat viel mehr was von der Arbeit an einem Theaterstück als an einem Film. Außerdem dreht er chronologisch, so daß man ein echtes Gefühl für die Story kriegt und der Funke schon überspringt, während man noch daran arbeitet und nicht erst Monate später, wo die Leute einen Schritt zurücktreten und sagen: Ja, es ist toll, aber diese zwei Jahre waren die Hölle! Was er hinzukriegen versucht, ist, daß jeder Beteiligte Spaß an dem Entstehungsprozeß hat und daß es bis zum Schluß eine Offenheit gibt für neue Ideen. Francis liebt es, wenn ihm jemand sagt, daß etwas nicht möglich ist – denn dann *macht* er es möglich!"

Über die Jahre hat sich Waits' Verehrung für Coppola nicht verringert – trotz der klaustrophobischen Atmosphäre, die bei der Arbeit an einem Film herrscht, und der endlosen, unvermeidlichen Zeitvergeudung, die sie unweigerlich mit sich bringt: "Ich glaube nicht, daß es noch jemanden gibt, der wie Francis ist. Er ist ein Hochstapler und ein Schmierenkomödiant und ein kleiner Diktator und ein exotischer Vogel, ein Schulmeister, eine Primadonna, ein Zuhälter, ein Clown und ein Hanswurst und ein Präsident und ein Müllsammler. Er macht gute Spaghetti – sehr italienisch. Francis Ford Mussolini. Ich liebe ihn von ganzem Herzen."

Umgekehrt war Coppola entzückt von Waits' Arbeit und nannte ihn den "Prinz der Melancholie". Abgesehen davon, daß er die Musik für den Film komponierte, konnte man Waits am Anfang von "One From The Heart" auch auf der Leinwand in der Rolle eines Trompetenspielers bewundern; überdies sollte Coppola, der Waits' Enttäuschung darüber, "nur" die Musik liefern zu dürfen, gespürt hatte, in seinen drei folgenden Filmen auch Waits' schauspielerische Begabung nutzen.

Nachdem in "The Graduate" von 1967 [dt. Kinotitel: "Die Reifeprüfung"] mehrere Paul-Simon-Songs mit Erfolg eingesetzt worden waren, war Hollywood darauf gestoßen, welch enormes finanzielles Potential in der Verwendung von Rockmusik in Filmen steckte; auch Coppola hatte im selben Jahr für sein erstes großes Filmprojekt als Regisseur, "You're A Big Boy Now" [dt. Kinotitel: "Big Boy, jetzt wirst du ein Mann!"], mehrere Songs von The Lovin' Spoonful verwendet.

Die Kalkulation der Filmmogule lautete, daß, wenn sich das Album einer Gruppe allein in Amerika eine Million mal verkaufte, sämtliche Fans dieser Gruppe auch in die Kinos strömen würden, um diese Musik im Rahmen eines Spielfilms zu genießen. Die Filmmogule irrten. Beispiele? The Village People in dem schauerlichen Disco-Streifen "Can't Stop The Music". The Bee Gees und Peter Frampton – nur einige von vielen, die es besser hätten wissen müssen – in Robert Stigwoods grauenhafter Filmversion von "Sgt. Pepper's Lonely Hearts Club Band". Und nicht zuletzt der Olivia Newton-John/E.L.O.-Flop "Xanadu".

Ab und zu allerdings funktionierte das Rezept. Ry Cooders Karriere nahm mit seinen Soundtracks für "The Long Riders", "Paris, Texas" und "The Border" einen neuen und steilen Aufschwung, Randy Newmans Musik für "Ragtime" und "The Natural" wurde für den Oscar nominiert, und Robert Altmans phantasievoller Einsatz von Leonard-Cohen-Songs in "McCabe und Mrs. Miller" verstärkte auf überzeugende Weise die winterliche Atmosphäre dieses Western.

Waits hatte auf dem Studiogelände von Zoetrope sein eigenes Büro, und dort war es auch, wo er während der Arbeit seine zukünftige Frau, die Drehbuchkorrektorin Kathleen Brennan, kennenlernte. Traut man Waits' schillernden Erinnerungen, war es keine der üblichen Romanzen: "Sie kann sich auf Nägelbretter legen und sich eine Stricknadel durch die Lippe stechen und dabei weiter Kaffee trinken – da wußte ich, sie ist die Frau für mich." Kathleen Brennan ist in Johnsburg, Illinois, geboren und aufgewachsen – die biographische Erklärung für einen der bewegendsten Momente auf Waits' Album "Swordfishtrombones".

Das Paar heiratete im August 1980 und verbrachte seine Flitterwochen in Tralee, einem Städtchen im Südwesten Irlands. Die Trauungszeremonie selbst verlief nicht ohne Kuriositäten, wie mir Waits auf eine Frage gestand: "Die Hochzeitskapelle *[Marriage Chapel]* hab' ich auf den Gelben Seiten gefunden, direkt vor "Massage". Der Standesbeamte hieß *Watermelon*, und mich nannte er die ganze Zeit *Mr. Watts*! Meine Mutter ist zufrieden mit dem, was ich mache, aber ich schätze, jetzt, wo ich verheiratet bin, ist sie doch glücklicher. Ich glaube, sie hat sich eine Zeitlang echte Sorgen um mich gemacht."

Im selben Gespräch räumte Waits auch ein, daß er, bevor er anfing, für Zoetrope zu arbeiten, ein unglaublich undisziplinierter Songschreiber gewesen sei; doch die Erfahrung, unter der konstruktiven Mitwirkung des großzügigen Coppola die Musik für einen abendfüllenden Kinofilm zu schreiben, habe ihm geholfen, mit sich selbst und seinem Handwerk disziplinierter umzugehen. Und gegenüber dem "The Record"-Reporter David McGee erklärte Waits: "Eine Filmmusik zu schreiben ist ungefähr so, als ob man Songs für den Traum eines anderen schreibt. Bis dahin war das Songschreiben für mich etwas, das ich nur gemacht habe, während ich trank, und ich war mir nicht sicher, ob ich in der Lage sein würde, es wie ein Handwerker zu betreiben. Denn wenn du Teil von einem sehr großen Ganzen bist, mußt du offen darüber reden, *was* du machst und wie es zu dem paßt, was ein Schreiner, ein Beleuchter und ein Schauspieler machen. Mein Verantwortungsgefühl und meine Disziplin sind dadurch gewachsen."

Coppolas Projekt "One From The Heart" nahm immer größere Ausmaße an; schließlich betrug das Budget rund 26 Millionen Dollar, die bis heute nicht eingespielt sind. Der Film war keineswegs ein Fehlschlag, obwohl ihm einige Kritiker ankreideten, daß alles, was Zoetrope an Technik aufzubieten hatte, für eine so einfache Story verwendet worden war. Doch genau in dieser Einfachheit lag der eigentliche Zauber des Films – in der verschlungenen Geschichte der unter einem unglücklichen Stern stehenden Liebenden, die inmitten der grellen Lichter von Las Vegas ihre Kreise umeinander ziehen, wobei dies alles in den Zoetrope-Studios auf geradezu spektakuläre Weise in Szene gesetzt worden war. Der fertige Film ist ein überaus kühnes Phantasiegebilde, das bezeichnenderweise in den gleichen Ateliers gedreht wurde, die vierzig Jahre zuvor schon Michael Powells atmosphärischen und farbenprächtigen "The Thief Of Baghdad" ["Der Dieb von Bagdad"], Coppolas Lieblingsfilm, beherbergt hatten.

Vom ersten Moment an, in dem sich der blaue Vorhang auf der Leinwand teilt, bis zu dem Augenblick, in dem er sich schließt, ist der theaterhafte Charakter des Films eine seiner großen Stärken. "One From The Heart" ist zwar eine Nabelschau, jedoch umgesetzt in hohe Kunst. Trotz der atemberaubenden Weise, in der Coppola technische Mittel wie Kreuzschnitt, Blenden, Parallelmontagen und Miniaturbauten einsetzt, steht im Mittelpunkt des Films die Liebesgeschichte zwischen Hank und Franny, die zu überschatten der Technik nie erlaubt wird. Es ist die schiere Gewöhnlichkeit der Charaktere, die den Film auf so stille Weise bewegend macht; denn auch wenn sich Frederic Forrest auf einen Flirt mit der feenhaften, bezaubernden Nastassja Kinski einläßt und Teri Garr Zuflucht bei dem Tangotänzer Raul Julia sucht, finden sie am Ende ihr einzig wahres Glück doch nur miteinander.

Die außergewöhnliche Gewöhnlichkeit der Beziehung, die in "One From The Heart" geschildert wurde, war das, was viele, die an dem Film herumnörgelten, in Verwirrung stürzte. An Filme gewöhnt, die voller Stolz labyrinthisch verschlungene Plots und komplexe Beziehungsgeflechte präsentierten, witterten sie hier eine Leere und übersahen dabei, daß die gewollte Einfachheit von Coppolas *Love-Story* tatsächlich ihre größte Stärke war. Was "One From The Heart" visuell zu einem so umwerfenden Kinoereignis macht ist die Konsequenz, mit der Coppola sein Phantasiemärchen in einem selbsterschaffenen grellen Las Vegas in Szene setzt.

Auch Waits selbst war jahrelang von Las Vegas fasziniert gewesen – eine Faszination, die von seiner Arbeit an dem nicht realisierten Projekt mit Guy Peellaert noch verstärkt worden war. Seine Faszination für diese Stadt erklärte er 1985 Richard Rayner vom Londoner Stadtmagazin "Time Out": "Das ist der einzige Ort, wo ich jemals falsche Zähne im Schaufenster einer Pfandleihe gesehen habe. Und Prothesen. Ich hab' gesehen, wie ein Bursche sein Glasauge für einen Hot Dog verkauft hat. Es liegt mitten im Niemandsland, ein Friedhof für Bühnenkünstler, wie eine Parodie auf den *American Dream*. Alles sehr verwirrend – du kannst am Morgen Schuhputzer sein und am Mittag Millionär. Allerdings läuft's wohl häufiger andersrum. Es ist Wahnsinn."

Unter den Songs, die Waits für den Film komponierte, befinden sich einige seiner eindrucksvollsten. Crystal Gayle schien zunächst nicht die geeignetste Vokalistin zu sein, um sie zu singen, aber ihre natürliche Stimme erwies sich dann doch als ideales Vehikel für das Waits-Material, und ihr klarer hoher Gesang paßte als Kontrast hervorragend zu den Raspeltönen, die Waits von sich gab.

Die beiden Teile dieses seltsamen Paars ergänzten sich wie Tag und Nacht. Mit seinem rauhen Timbre spricht Waits für jene Charaktere, die "in der Gosse leben" – "aber einige von uns blicken auf zu den Sternen" ["*we are all in the gutter, but some of us are looking at the stars*"]. Und wenn Crystal Gayle in "One From The Heart" einen Tom-Waits-Song singt, dann singt sie ihn gleichsam von den Sternen zur Gosse hinab. Aus ihrer reinen, unprätentiösen Stimme sprechen die Träume und Sehnsüchte, die Wünsche und Begierden von Hank und Franny. Auf dem Papier mußte das Gespann Tom Waits & Crystal Gayle

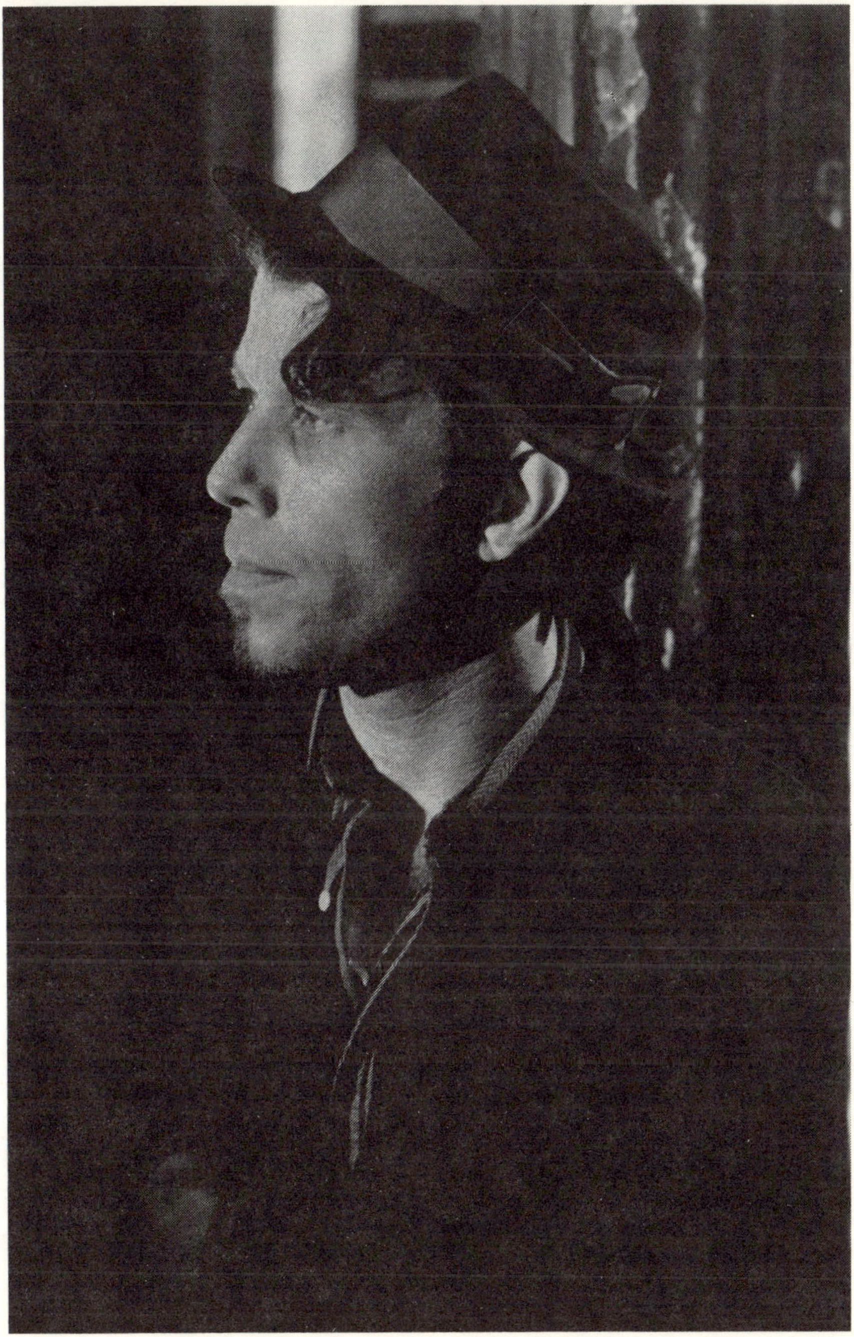

wie ein fürchterlich mißratenes Rendezvous erscheinen; in der Praxis hätte es nicht überzeugender klingen können.

Von Coppolas Enthusiasmus beflügelt, trieben Waits' Songs die Handlung voran und ermöglichten es den Charakteren, ein Eigenleben zu entwickeln; und selbst dann, wenn man diesen musikalischen Soundtrack ohne den zugehörigen Film hört, wird deutlich, daß die Melodien, mit denen Waits die Wirkung der Bilder Coppolas verstärkte, zu seinen bezauberndsten gehören.

"Old Boyfriends", "Take Me Home" und "Broken Bicycles" enthalten ein paar der schönsten Waits-Melodien, während sich in "Little Boy Blue" und "You Can't Unring A Bell" einige seiner ausgefeiltesten Texte finden. Die bittere Zeile in "Broken Bicycles" – *"Somebody must have an orphanage for all these things that nobody wants anymore* [Irgendjemand muß ein Waisenhaus haben für all diese Dinge, die keiner mehr will]" – und die Bilder in "Old Boyfriends" – *"like burned out lights on a Ferris wheel* [wie durchgebrannte Glühbirnen an einem Riesenrad]" – sind lebendig und präzise. Die Disziplin, die die Filmarbeit erforderte, und die Herausforderung, Songs zu schreiben, die er nicht selbst singen sollte, hatten dem Waits-Material offenbar seinen letzten Schliff verpaßt.

Dennoch war diese Arbeit ein zeitraubender Prozeß, der an das Wort eines Produzenten aus vergangenen Tagen erinnert, der einmal einen Blick in die passenderweise *Writers' Block* genannten Büros eines Hollywood-Studios warf: "Und das wollen Schreiber sein? Ich habe sie eine Stunde lang beobachtet, und sie haben nicht *ein* Wort geschrieben!" Doch nachdem sich Waits erst einmal auf dieses System eingelassen hatte, verließ ihn seine Muse nicht mehr. Auch sein eigener Gesang paßte perfekt – seine getragene, düstere Fassung von "You Can't Unring A Bell" und der Bar-Jazz von "This One's From The Heart" verliehen Coppolas Filmstory eine zusätzliche Dimension.

War der fertige Film auch nicht völlig ohne Mängel, so konnte doch kein Zweifel daran bestehen, daß Waits' eigener Beitrag solide war und seine Position im Filmgeschäft stärkte. So warf sich Tom Waits pflichtbewußt in einen Smoking, um der Oscar-Verleihung von 1982 beizuwohnen, wo seine Songs für "One From The Heart" in der Kategorie *"Best Original Song Score"* nominiert waren, nur um schließlich gegen die wahrlich vergessenswürdige Musik von Henry Mancini und Leslie Bricusse für "Victor/Victoria" [Regie: Blake Edwards] zu verlieren.

Unter den unzähligen Zoetrope-Projekten, die Coppola geplant hatte und die dann doch nicht realisiert wurden, war eine Filmversion von Kerouacs "On The Road", für die Jean-Luc Godard als Regisseur vorgesehen war und für die Waits wohl sein bestes Paar Spitzschuhe hergegeben hätte, wenn er hätte mitwirken dürfen. Aber wie so viele Träume, die in den Zoetrope-Studios geschmiedet wurden, sollte auch dieser leider nie das Licht der Leinwand erblicken.

Waits schien an der Filmarbeit Geschmack zu finden. Sein Song "Invitation To The Blues" wurde von Regisseur Nicolas Roeg als Abspann-Musik für den Film "Bad Timing" [1980, dt. Kinotitel: "Blackout"] verwendet, und auch der

Titelsong für einen Film von Ralph Waite, "On The Nickel", stammte von Waits. Als Schauspieler kam Tom Waits 1981 mit einer Einmal-gezwinkert-und-schon-vorbei-Rolle wieder zum Zug, in einem ziemlich zähen, alptraumhaften Ökologie-Thriller mit dem Titel "Wolfen", in dem Albert Finney die Hauptrolle spielte und der von Michael Wadleigh inszeniert wurde, der sein Kinodebüt zehn Jahre zuvor mit dem Dokumentarfilm "Woodstock" gegeben hatte; außerdem wurde auch für den Soundtrack von "Wolfen" wieder ein Waits-Song, "Jitterbug Boy", verwendet. Waits selbst tauchte wieder auf in dem nur selten gezeigten Robert-Duvall-Film von 1982, "The Stone Boy", in dem Glenn Close eine ihrer ersten Hauptrollen spielte; Duvall und Close waren die Eltern eines Jungen, der seinen Bruder getötet hat, und "halten ihre Emotionen auf genau die überemotionale Weise im Zaum, die so typisch ist für diese Art von Rührschinken", wie ein Kritiker bemerkte. Waits Rolle war laut Abspann die des "*Petrified man in carnival* [Versteinerter Mann im Karneval]".

Da ihm Zoetrope ein wenig Freizeit zugebilligt hatte, konnte Waits Mitte 1980 zwei Monate in Hollywood verbringen, um ein Album aufzunehmen, das sich im Nachhinein als seine letzte Einspielung für Asylum erweisen sollte. Laut Waits war das Album "ich, wie ich versuche, ohne Messer und Gabel und Löffel auszukommen. Es war kein hundertprozentiger Erfolg, aber es sind ja normalerweise die kleinen Durchbrüche, die dir einen Tunnel eröffnen, durch den du dich irgendwann verdrücken kannst. Das Titelstück war ein Durchbruch für mich, mit dieser Art von verzerrter Yardbirds-Gitarre, wo der Drummer Schlagzeugstöcke statt -besen benutzt – solche kleinen Dinge. Mehr oder weniger war's wie das Anziehen eines neuen Kostüms."

Auf "Heartattack And Vine" (Arbeitstitel: "White Spades") bevorzugte Waits wieder einmal die Gitarre gegenüber dem Piano, wobei seine Stimme ruinierter denn je klang. In einer Rezension des "New Musical Express" hieß es: "Früher glich Waits' Stimme einer Wohnung, in der die Bewohner ganz normal gelebt haben. Heute hat sie mehr von einem Haus, in dem sich dreizehn verschiedene puertorikanische Junkie-Familien mitsamt allen angeheirateten tuberkulosekranken Verwandten eingenistet haben... Dieser Mann ist so großartig, daß er sogar einem ganz gemeinen morgendlichen Kater einen Hauch von Würde geben kann!" Wie immer kam Waits mit Songs daher, um die andere Songschreiber einen Bogen gemacht hätten wie der Teufel um das Weihwasser.

Das Titelstück, in dem Waits einen scharfen Blick auf das nächtliche Los Angeles wirft, ähnelt in mancher Hinsicht seinem Song "A Sweet Little Bullet From A Pretty Blue Gun" von "Blue Valentine", in dem er gegen ein Hollywood wettert, das die Menschen um ihre Träume betrügt – all die blauäugigen Unschuldslämmer, die es aus Iowa und Nebraska in Scharen zum heiligen *Hollywood Sign* zieht und die in "Schwabe's Drugstore" darauf warten, entdeckt zu werden, nur um im traurigen Zustand geraubter Unschuld und völliger Desillusioniertheit zu enden.

Insgesamt ist das Album ein verzerrter Blick auf die *City Of Angels*: Skizzen von L.A., grell erleuchtet von den bunten Neonreklamen billiger Hotels auf dem Strip, untermalt vom Klang einer jaulenden Polizeisirene. Die Verrücktheit, von der Waits in "'Til The Money Runs Out" singt – "*with a pint of green chartreuse, ain't nothin' seems right, you buy the Sunday paper on a Saturday night* [mit 'nem Glas grünem Chartreuse, und nichts scheint in Ordnung, kaufst du dir die Sonntagszeitung am Samstagabend]" – ist allgegenwärtig; aber "Heartattack And Vine" enthält auch drei von Waits' schönsten Songs: "On The Nickel", "Jersey Girl" und nicht zuletzt "Ruby's Arms", ein herzzerreißendes *Adieu* an eine Geliebte, die noch in friedlichem Schlummer liegt, während er mit ihrem Schal als Souvenir verschwindet.

Für geraume Zeit achtete Bruce Springsteen, nachdem Waits' Originalversion von "Jersey Girl" erschienen war, streng darauf, daß der Song in keinem seiner Konzerte fehlte; nachdem er die letzte Strophe umgeschrieben hatte, nahm er ihn im Jahr 1984 sogar selbst auf und veröffentlichte darüberhinaus noch eine Live-Fassung aus einem Konzert in Meadowlands, dem Ort seiner "Heimspiele" in New Jersey. Der Song war natürlich wie geschaffen für New Jerseys Glückskind, und viele Springsteen-Fans gehen bis heute davon aus, daß es sich um eine seiner eigenen Kompositionen handelt – man muß nur den aufbrausenden Jubel zu hören, wenn Bruce die Zeile singt: "*Cause tonight I'm gonna take that ride, across the river to the Jersey side* [Denn heut' nacht mach' ich mich auf und geh' über den Fluß, rüber auf die Jersey-Seite"]." Im August 1981 gesellte sich Waits für eine gemeinsame Aufführung des Songs zu Springsteen und der E-Street Band auf die Bühne der "L.A. Sports Arena" – David und Goliath, endlich vereint.

Ursprünglich hatte Waits den Song für seine Frau Kathleen geschrieben, die vor ihrer Heirat in New Jersey gewohnt hatte, und tatsächlich war die Fassung des Komponisten auf "Heartattack And Vine" außerordentlich bewegend; sie war offen und direkt, und die bisweilen ironische Doppelbödigkeit, die Waits' Texte zu jener Zeit auszeichnete, suchte man vergebens. Was die Melodie anging, so schien sich das Intro an "The End" von den Doors anzulehnen, doch von der Sekunde an, in der Waits mit der Zeile "*Got no time for the corner boys* [Hab' keine Zeit für die Eckensteher]" einsetzte, war er der alleinige Herrscher auf diesem musikalischen Territorium.

1986 verschaffte Springsteen seinem Songlieferanten Waits weitere bequeme Tantiemen, als er denselben Song zum Schlußtitel seines 5-LP-Marathon-Live-Sets machte. Als ich Waits traf, wies er mich darauf hin, daß seine bescheidenen Clubkonzerte in London zur gleichen Zeit wie die Audienzen des Boss im Wembley-Stadion stattfinden würden, und witzelte: "Er ist ein netter Typ, und ich hoffe nur, daß meine Shows seine Kartenverkäufe nicht zu sehr beeinträchtigen."

Und im Jahr darauf entgegnete Waits auf eine Frage des Journalisten Bill Flanagan: "Bruce Springsteen? Nun, ich hab' alles für ihn getan, was in meiner Macht stand. Jetzt muß er sich selber helfen... Gott, ja, ich liebe seine Songs, ich wünschte, *ich* hätte 'Meeting Across The River' geschrieben. Seine frühen Songs sind wie kleine Schwarzweißfilme. Sachen wie 'Wild Billy's Circus Story' waren handwerklich echt gut gemacht. Er hat ein unheimliches Gespür für Filmbilder und ein tolles Gefühl für Balance."

Der wahrscheinlich eindrucksvollste Song auf "Heartattack And Vine" war "On The Nickel", der Titelsong für den 1979er Film von Ralph Waite. Waite, wohl am bekanntesten für seine Rolle als bärbeißiger Patriarch in der Fernsehserie "Die Waltons", war der Hauptdarsteller, Produzent und Regisseur dieses Films über die Penner in den Gossen von L.A. Wenn du *down and out* bist und nicht mehr tiefer sinken kannst, bist du *"on the nickel* [runter auf fünf Cent]". Waits' Song ist ein anrührendes Kinderlied für diese menschlichen Wracks, ein *Hobo's Lullaby*, das uns daran erinnert, daß jeder – egal, wie weit er gesunken ist – irgendwann einmal das geliebte Kind einer Mutter gewesen ist. *"That's what becomes of all the little boys who never comb their hair, they're lined up all around the block, on the nickel over there.* [Das wird aus all den kleinen Jungs, die sich nie die Haare kämmen, sie stehen Schlange rund um den ganzen Block, dort drüben, *on the nickel*.]" Die Version des Songs, die im Film Verwendung fand, enthielt einige Zeilen, die auf dem Album nicht zu hören waren: "*You never know how rich you are, you haven't got a prayer/Heads you win, tails they lose, on the nickel over there* [Du weißt nie, wie reich du bist, du hast keine Chance/die einen sind auf der Gewinnerseite/die anderen sind die Verlierer, die dort drüben, *on the nickel*"]."

"Heartattack And Vine" hatte insgesamt einen härteren Rhythm'n'Blues-Touch, was einen Ausgleich schuf zu den flauschigen Orchesterarrangements von "On The Nickel" und "Jersey Girl"; doch es sollte Waits' letztes Album für Asylum sein. Auf die Frage der "New Musical Express"-Reporterin Kristine McKenna, warum er Asylum verlassen habe, antwortete Waits: "Plattenfirmen sind wie riesige Kaufhäuser. Ich war über zehn Jahre bei Elektra, und während dieser Zeit bin ich ziemlich lange auf Tournee gewesen und hab' mein eigenes Ding durchgezogen. Sie ließen gern mal hier und da meinen Namen fallen, weil sie in mir einen 'Prestige'-Künstler sahen, aber wenn's drauf ankam und sie hätten mir ihr Vertrauen beweisen müssen, investierten sie nicht gerade viel in mich. Als Firma wurden sie eben immer eher mit dieser *California Rock*-Kiste identifiziert."

Nachdem Waits das Label verlassen hatte, veröffentlichte Asylum 1981 das Album "Bounced Checks", das unter anderem alternative Fassungen von "Jersey Girl" und "Whistlin' Past The Graveyard" enthielt sowie eine Live-Version von "The Piano Has Been Drinking" aus Dublin und das ansonsten unveröffentlichte bluesige "Mr. Henry". Es war eine solide Compilation, die allerdings dem breiten Spektrum der sieben Asylum-Alben von Waits nicht gerecht wurde.

Waits' Enttäuschung über das Musik-Business war von seinen Erfahrungen bei Zoetrope noch verstärkt worden; außerdem hatte er mit ständigen Management-Problemen zu kämpfen gehabt, die nun, unter verletzenden Umständen, in der Trennung von seinem langjährigen Manager Herb Cohen gipfelten, der jedoch die Verlagsrechte für viele von Waits' besten Songs behielt. Unter diesen Bedingungen war es vielleicht gut, daß die *Post-Production*-Arbeit an "One From The Heart" all seine Zeit in Anspruch nahm.

1981 begab sich Waits auch wieder auf eine Europa-Tournee, die in einem Nachtclub in Kopenhagen zu einem ausgedehnten Zechgelage mit Brian Case und Tom Sheehan vom "Melody Maker" und dem "*Lesbian Eskimo Chapter of Hell's Angels*" führte. Im März desselben Jahres besuchte der Autor das Waits-Konzert im Londoner "Apollo", wo die winzige Gestalt auf der Bühne mit ihrem Piano förmlich verschweißt schien. Die Anekdoten, die Waits zwischen seinen Songs zum Besten gab, vermittelten dem Zuhörer das Gefühl, als belausche er jemanden, der im Schlaf spricht – was war das noch für eine Geschichte von einem, der sich in Italien eine Rippe gebrochen hat, und von der Sirene eines Notarztwagens und von einer Überleitung in "Over The Rainbow"?

Zu Waits' "Apollo"-Gastspiel paßte, daß die Hayward-Galerie gleichzeitig eine Edward-Hopper-Retrospektive präsentierte. Die beiden großen Kommmunikatoren der Einsamkeit in Amerika weilten zur selben Zeit in London!

Für die Medien war Waits auch weiterhin ein begehrter Interviewpartner; Journalisten standen Schlange, um ihm die coolen Sprüche von den Lippen zu pflücken...

KLASSISCHE WAITS-ISMEN:

"*I'd rather have a bottle in front of me than a frontal lobotomy.* [Lieber 'ne Flasche auf dem Tisch als 'ne Gehirnamputation!]"

"*I don't have a drink problem, 'cept when I can't get a drink.* [Ich hab' kein Problem mit dem Trinken, außer wenn ich mal keinen Drink kriege.]"

"*I'm so broke I can't even pay attention.* [Ich bin so pleite, ich kann dir nicht mal meine Aufmerksamkeit schenken.]"

"*Champagne for my real friends, real pain for my sham friends.* [Champagner für meine echten Freunde und echte Schmerzen für meine falschen Freunde.]"

"*I've been busier than a one-armed bass-player.* [Ich hab' mehr zu tun gehabt als ein einarmiger Bassist.]"

"*I don't care who I have to step on on my way down.* [Ist mir egal, wen ich treten muß auf meinem Weg nach unten.]"

"*I'm getting harder than Chinese algebra.* [unübersetzbares Wortspiel – *harder than Chinese algebra*: schwieriger als chinesische Algebra, *to get harder*: einen Steifen bekommen; Anm. d. Übers.]

"*There ain't no devil, there's just God when he's drunk.* [Es gibt keinen Teufel, es gibt bloß Gott, wenn er betrunken ist.]"

"*I'm a jack-off of all trades.*" [unübersetzbares Wortspiel: *Jack of all trades*: Hans Dampf in allen Gassen, *jack off*: onanieren; Anm. d. Übers.]

"*You have to keep busy. After all, no dog's ever pissed on a moving car.* [Man muß in Bewegung bleiben. Immerhin hat noch kein Hund ein fahrendes Auto angepinkelt.]"

"*Everybody I like is either dead or not feeling very well.* [Jeder, den ich kenne, ist entweder tot oder fühlt sich nicht sehr wohl.]"

Waits auf der Schwelle zu den Achtzigern, das war der Singer-Songwriter, der seinem Lebenslauf nun auch den Schauspieler, Geschichtenerzähler, Bonvivant, Bonmot-Lieferant und Familien-Entertainer hinzufügen konnte. Ende der siebziger Jahre war Waits dreißig geworden, hatte aufgehört zu rauchen und war nach New York gezogen – Veränderungen, die ihn jedoch völlig unbeeindruckt ließen: "Die wirklich wichtigen Lebensphasen sind die, wenn man 16, 33 1/3, 45 und 78 ist!" Waits' "Heartattack And Vine"-Trip war nur ein kurzer Abstecher gewesen, denn auf seiner musikalischen Straßenkarte hatte er bereits einen Kurs eingezeichnet, der seine Fans sprachlos machen und selbst seine schärfsten Kritiker in Erstaunen versetzen sollte.

ST NO BILLS
ST NO BILLS

FUENF

Tom Waits' Lieblingssgraffiti, gesehen an der Klowand des "Dark Side Of The Moon"-Club in East St. Louis (wo sonst?): *"Love is blind, God is love, therefore Ray Charles must be God!* [Liebe macht blind, Gott ist die Liebe, also muß Ray Charles Gott sein.]"

Schon möglich, daß Waits auf seinem Weg an die Spitze – *"straight to the top"* – irgendwo auch folgenden Graffiti-Spruch an einer Klowand gelesen hat: *"To do is to be – Rousseau. To be is to do – Sartre. Doobedoobedoobedoo – Sinatra.* [Tätigsein heißt leben – Rousseau. Leben bedeutet Handeln – Sartre. Dubidubidubidu – Sinatra.]"

Unser Held steht an der Schwelle zu seinem 34. Lebensjahr. In knapp einer Dekade hat er sich den Ruf erworben, der Barde der Mühseligen und Beladenen zu sein. Glaubt man der Legende, hat Tom Waits, wo auch immer ein Penner auftauchte, gleich einen Song über ihn geschrieben. Und man sagt, daß der Mann, wenn er nicht gerade seine eigenen ruinierten Stimmbänder strapaziert, einen Haufen guter Songs zu bieten hat. Ja, wirklich, tolle Melodien! Nur wenn er anfängt zu singen...

Kann aber auch wirklich mit Worten umgehen, dieser Hurensohn, und witzig ist er auch, vor allem dieser Spruch "Ich hab' kein Problem mit dem Saufen, außer wenn ich keinen Drink kriege!" kommt echt gut, vor allem, wenn gerade die Polizeistunde angesagt ist... Tatsache dürfte sein, daß die meisten Männer um 1983 weit lieber ein paar Drinks mit Tom Waits zur Brust genommen hätten als mit Boy George. Zum Teufel, da weiß man doch wenigstens, ob der zum Pissen aufs Herren- oder aufs Damenklo geht! Denn wie heißt es so schön: Was gut genug ist für den Boss, ist auch gut genug für mich!

So wie Waits die Sache sieht, ist er in einer Einbahnstraße gelandet, die geradewegs nach Idiotendorf führt. Kerouac ist von seinem Barhocker gerutscht, Waits hat seinen Platz eingenommen. Seine Impressionen aus dem Leben eines Penners ergötzen das Publikum, und sein Saxophonist klingt wie eine Sirene in der Nacht. Waits schafft es jederzeit, die Leute zu Begeisterungsstürmen hinzureißen, aber im Moment ist er vollauf damit beschäftigt, an den Fundamenten seiner Kunst herumzukratzen, um herauszufinden, was für ein Gebäude er eigentlich errichten will. Wenn man unten ist, kann es nur aufwärts gehen.

Zumindest hat er einer Versuchung widerstanden, die er dem Autor im Interview gestanden hat, nämlich ein Album mit dem Titel "My Favorites" herauszubringen: "Wie wär's mit Coverversionen deiner Lieblingssongs, Tom?" – "Nee, ich nehm' mir lieber ein Dutzend Aufnahmen von anderen Musikern und bring' sie auf Platte raus – Sachen wie 'Lady Of Spain', 'Tutti Frutti', 'Just Wanna See His Face' von den Rolling Stones und 'Rudy My Dear', und vorne aufs Cover kommt ein Foto von mir, wie ich mir diese Sachen anhöre!"

Waits ist ruhiger geworden, eine gebremste Version jenes menschlichen Wracks, das einst im Tropicana Unterschlupf suchte. Jack Kerouac bleibt auch künftig sein Idol, aber als Vorbild für Waits' eigenes Leben taugt er nicht mehr. Von seiner 1983 geborenen Tochter Kelly Simone wird Tom inzwischen "*Dad dy*" gerufen. Er hat sich wieder in New York niedergelassen und mit "Shore Leave", "Frank's Wild Years" und "16 Shells From A Sixty-Ought-Six" drei Songs aufgenommen, die völlig anders klingen als alles, was er je zuvor in Angriff genommen hat: stürmische Windböen, dämonische Gesänge, die um Mauern des Asyls heulen. So ungefähr müssen die Stücke geklungen haben, die der Rattenfänger von Hameln spielte und die die Ratten aus der Stadt herauslockten. Doch die Asylum-Manager sind wie vom Donner gerührt und fragen sich: Seit wann machen wir Platten für Ratten?

Waits' neue Songs klingen so verstörend, daß Asylum seinen Vertrag auflöst und ihn zur Konkurrenz Island ziehen läßt. Labelchef Chris Blackwell braucht nur kurz hinzuhören, um zu erkennen, daß Waits und Island gut miteinander auskommen werden. Fußnote: Der englische Waits-Sammler John Green besitzt eine von fünfzig australischen Asylum-Pressungen von "Swordfishtrombones", deren Cover eine Zeichnung aus der Feder von Tom Waits zeigt, die einem Picasso ähnelt – *Tom* Picasso natürlich, nicht Pablo!

Bevor allerdings das wilde Tier, das sich "Swordfishtrombones" nennt, von der Kette gelassen werden kann, hat Tom Waits noch etwas anderes zu erledigen; und so schüttelt er sich den Staub der Vergangenheit aus den Kleidern und paukt sich neue Filmmonologe ein.

Waits-Mentor Francis Ford Coppola hatte nach dem enttäuschenden Einspielergebnis von "One From The Heart" die Zoetrope-Studios gerade noch über die Runden retten können, und Waits war seinerseits noch immer von den Möglichkeiten, die ihm der Film eröffnet hatte, fasziniert. 1983 war Coppola Feuer und Flamme für die Bücher von Susan (S.E.) Hinton, der bekannten Autorin von Jugendromanen, und verfilmte in aller Eile zwei ihrer Romane, "The Outsiders" und "Rumble Fish", in denen auch Tom Waits auftrat.

Waits war schon seit langem ein Kino-Fan. Er erinnert sich, daß er als Kind regelmäßig in ein bestimmtes Kino in L.A. ging, in dem nach seiner Darstellung die unglaublichsten *Double Features* liefen, Tierfilme wie "*101 Dalmatians* [101 Dalmatiner]" zusammen mit Sozialdramen wie "*The Pawnbroker* ["Der Pfandleiher", Regie: Sidney Lumet]". Jahre später nannte Waits auf Nachfrage eine bunte Mixtur von Lieblingsfilmen, darunter Fellinis "La Strada" und "8 1/2", Kurosawas "Ikiru [Ikiru – einmal wirklich leben]", Disneys "Schneewittchen" und Stanley Bakers "Zulu". Auf Drängen des Fragestellers nannte er auch die Namen seiner Lieblingsschauspieler, unter ihnen Peter O'Toole und Jack Nicholson, sowie seiner Lieblingsregisseure, zu denen Alfred Hitchcock, Martin Scorsese, Jim Jarmusch und natürlich Francis Ford Coppola gehören.

Coppola bezeichnete "Rumble Fish" als einen "Kunstfilm für Kids – es muß ja nicht immer unbedingt 'Porky' sein... 'The Outsiders' und 'Rumble Fish' sind Heldenepen für 14-jährige." Und Waits erklärte gegnüber dem Journalisten Brian Case: "In 'Rumble Fish' spiele ich den Bennie von '*Bennies Pool Hall*' – ich bin sowas Ähnliches wie die Tante Emma vom Eiskiosk, verstehst du? Es ist der Ort, wo sich die Kids treffen – das hier ist mein Laden, runter vom Tisch mit den Füßen, Schluß damit, paß auf, was du sagst! Ich hatte die Chance, mir mein eigenes Rollenkostüm auszusuchen und meinen eigenen Dialog zu schreiben. Ich hab' da 'ne ganz nette Szene mit 'ner Uhr... Die Zeit ist sowieso etwas Seltsames. Manchmal wünscht man sich, man könnte die Zeit nehmen, wenn man sie gerade hat, und sie irgendwohin tun, sie aufheben für die Zeiten, wenn man keine Zeit hat, und sie dann rauslassen. Aaaah – ihr Kinder! Ihr habt das ganze Leben noch vor euch! Ich hab' schon 35 Sommer hinter mir. Das war's! Denk' drüber nach!"

Auf die Frage, wie er mit dem Wechsel vom Musiker zum Schauspieler klarkam, antwortete Waits: "Es ist dasselbe, wie vom Schnapsschmuggel zum Uhrenreparieren zu kommen. 'Rumble Fish' war wie ein komisch verzerrter Opiumtraum vom Teenagerleben. In 'The Outsiders' hatte ich *eine* Zeile: 'Was wollt ihr haben, Jungs?' Ich hab' sie immer noch drauf, falls man mich brauchen sollte, um die Szene aus irgendeinem Grund noch einmal zu spielen."

Die beiden Schwarzweißfilme, die Coppola 1983 drehte, waren für die amerikanische Jugend gedacht und kamen ohne erhobenen Zeigefinger aus. Aber leider erreichten weder "The Outsiders" noch "Rumble Fish" ihr Publikum, das eher an Streifen wie "*I Gouge Out Your Eyes* [Ich quetsch' dir die Augen aus]" oder "*Nymphomaniac Teenage Bimbettes* [Nymphomanische Teenies]" interessiert schien.

Abgesehen von "Die glorreichen Sieben" hatte kein Hollywood-Film je ein solches Aufgebot an künftigen Stars vorzuweisen gehabt: Emilio Estevez ("Young Guns"), Patrick Swayze ("Dirty Dancing"), Tom Cruise ("Top Gun"), Matt Dillon ("Flamingo Kid") und Ralph Macchio ("Karate Kid"). Trotz des jugendlichen Elans der Darsteller und der kühnen Ambition des Films, aus der Perspektive der achtziger Jahre jugendliche Rebellen nach dem Vorbild von James Dean im Milieu der sechziger Jahre zu zeigen, wurde der Film für Coppola zu einer Bauchlandung – da half auch Tom Waits' denkwürdiger Satz nicht.

"Rumble Fish" war wesentlich erfolgreicher, vor allem dank Mickey Rourke als phantomhaftem Motorradfahrer, dessen unwirkliche Präsenz dem gesamten Film Atmosphäre verlieh. Coppola selbst bezeichnete "Rumble Fish" als "Camus für Kids", und obwohl der Film vor Klischees über Außenseiter strotzte, schaffte er es doch, das stimmige Bild einer bestimmten Zeit und eines bestimmten Ortes sowie ein Gespür für die Motive seiner Figuren zu vermitteln. Waits bot im Unterhemd, mit Brille und Hut einen grausigen Anblick. In seiner Rolle als Benny schnauzte er fortwährend sämtliche Kids in seiner Nähe an: "Paß auf, was du sagst!" Wenn er auch nicht gerade wie seinerzeit der Charakterdarsteller Walter Brennan alle anderen Akteure an die Wand spielte, so schaffte er es mit seinen Leistungen doch, daß sein Name bei den Schauspielernennungen immer weiter nach oben rückte und daß man ihm nun auch größere Rollen als nur die des schmuddeligen Kneipenhockers anvertraute. Trotzdem beklagte er sich, die einzigen Rollen, die man ihm anbiete, seien "betrunkene irische Pianisten... und Anführer satanistischer Sekten".

Zu diesem Zeitpunkt keimten in Waits' kreativer Phantasie bereits Ideen, die schließlich dazu führen sollten, daß er seine Vergangenheit als patentierter Bowery-Penner hinter sich ließ und seinen Fuß eine Sprosse höher auf die Karriereleiter setzte. Typisch für ihn war allerdings, daß er auf die Frage, was der Titel seines marksteinsetzenden neunten Albums "Swordfishtrombones" zu bedeuten habe, keine erschöpfendere Auskunft geben konnte als diese: "'Swordfishtrombones' ist entweder ein Musikinstrument, das stinkt, oder ein Fisch, der 'ne Menge Krach macht!"

Auf seinem neuen Album klang Waits wie ein Trödler, der im Sperrmüll nach brauchbaren Gegenständen fischt; Radkappen schepperten und ein Harmonium keuchte in Instrumentalstücken, die wie Fragmente eines Soundtracks für Dantes Inferno klangen. Während die Rockmusik ansonsten in die seichten Gewässer androgyner Computerstars abdriftete, zunehmend auf die Wirkung von Promotion-Videos baute und dem Stil eindeutig den Vorrang vor dem Inhalt einräumte, eroberte Tom Waits im Alleingang ein Gebiet, das bislang auf keiner musikalischen Landkarte eingezeichnet war.

Der Autor erinnert sich noch lebhaft an den Schock des Neuen, den "Swordfishtrombones" auslöste. Für mich war Waits der Balladensänger am Piano – einer, der einsam und verloren in irgendeiner anonymen Hotelbar mit seiner Reibeisenstimme laut vor sich hin sinnierte. Höhepunkte waren für mich jene Waits-Songs, die allein mit Pianobegleitung und sanfter Streicheruntermalung auskamen – Songs wie "Jersey Girl" und "On The Nickel", "Ol' 55" und "The Heart Of Saturday Night", *sentimental journeys* vielleicht, die Waits jedoch mit seinem ganz und gar unsentimentalen Vortragsstil sicher am Kitsch vorbeidirigierte. Den Perkussionsattacken von "Swordfishtrombones" ausgesetzt zu sein, war hingegen dasselbe, wie unter einem Stapel alter Schellackplatten begraben zu werden, von denen man vergessen hatte, daß man sie überhaupt noch besaß.

Daß das, was Waits hier machte, innovativ war, konnte ich nachvollziehen, und auch die Tatsache, daß es im Gegensatz zu allem stand, was sonst noch an

Musik produziert wurde, brauchte nicht besonders betont zu werden; doch zugleich klangen die neuen Töne in meinen Ohren so, als legte es Waits mit geradezu perversem Vergnügen darauf an, sein Publikum zu verstören. Und obwohl ich nicht anders konnte, als den Mut, den er mit dieser Haltung bewies, zu bewundern, bedeutete das keineswegs, daß ich Spaß daran hatte.

Gelegentlich konnte man sich während der Periode, die von den LPs "Swordfishtrombones" und "Franks Wild Years" markiert wurden, des Eindrucks nicht erwehren, daß Waits allmählich zu seiner eigenen brummelnden Parodie verkam. Daß er nicht länger das Leben des *Motel Minstrel* lebte, das den Stoff für seine frühen Alben geliefert hatte, war offensichtlich; seine ersten drei sperrigen Island-Alben klangen jedoch, als habe sich Waits stattdessen die Rolle des "Monsters aus einer anderen Welt" auf den Leib geschneidert, das sich hin und wieder auf den Planeten Erde katapultiert, um nachzuschauen, was dort in seiner Abwesenheit passiert.

Aber wie alle hervorragenden Drehbücher, so hatte auch dieses ein Happy End. Sogar inmitten dieses Frontalangriffs gab es noch gute Beispiele für den Waits, den ich liebte: "In The Neighborhood", "Soldier's Things", "Hang Down Your Head", "Time", "Cold Cold Ground" und "Train Song" boten Tom Waits *at his best*. Und wenn die anderen Stücke bei mir nicht denselben Nerv trafen, so enthielten sie doch genug Elemente, die es wert waren, bewundert zu werden, und aus dieser Bewunderung sollte sich nach und nach eine eigentümliche Art von Zuneigung entwickeln.

"Swordfishtrombones" war wie ein Wechselbalg, den man auf der Türschwelle fand und der erst im Erwachsenenalter seine wahren Qualitäten offenbarte; aber da liebte man ihn schon um seiner selbst willen und nicht für das, was er zu sein vorgab. Zu dem Zeitpunkt, als "Swordfishtrombones" 1983 herauskam, gehörte Tom Waits längst zu den Stammgästen meines Plattenspielers, egal, welche Vermeidungsstrategien er sich einfallen ließ.

Jem Finer von den Pogues hat eine interessante Theorie über den Titel des Albums "Swordfishtrombones": Er erinnert sich, daß er mit seinen Kindern einmal eine amerikanische ABC-Fibel mit Illustrationen anschaute, in der auf zwei gegenüberliegenden Seiten die Begriffe "*Woodpecker* [Specht]" und "*Xylophone* [Xylophon]" standen; und er ist überzeugt, daß Waits für seine Tochter ein ähnliches Buch hatte, in dem die Worte "*Swordfish* [Schwertfisch]" und "*Trombone* [Posaune]" als Beispiele für die Buchstaben S und T standen.

1989 erklärte mir Elvis Costello: "Als die Platten 'Swordfishtrombones' und 'Rain Dogs' herauskamen, hielt ich das für einen sehr mutigen Schritt, denn er hatte ja ein so absolut eindeutiges Image, das auf dieser *Hipster*-Kiste basierte, die er von Kerouac und Bukowski hatte, und die Musik stammte aus dieser Beatpoesie-und-Jazz-Kiste. Und plötzlich stürzt er sich auf Musik, die mehr mit Howlin' Wolf und Charles Ives zu tun hat. Ich glaube, ich war ein bißchen neidisch, nicht so sehr auf die Musik, sondern auf seine Fähigkeit, seine Rolle so völlig neu zu konzipieren und sich damit aus dieser Ecke herauszumanövrieren, in die er sich selber gestellt hatte. Das war ganz schön mutig von ihm, und ich denke, daß jeder, der die Qualität dieser Musik nicht erkennt, auf seinen Ohren sitzt!" Costello war nicht der Einzige, den Waits' waghalsige Umorientierung völlig unvorbereitet traf.

Waits gestand, daß für den einzigartigen Sound des Albums nicht zuletzt der 1955 in die Vereinigten Staaten ausgewanderte britische Jazz-Pianist, -Vibraphonist und Schlagzeuger Victor Feldman verantwortlich war. "Er schlug Instrumente vor, an die ich nie gedacht hätte: *squeeze drums*, balinesische Perkussion, ein Calliope [oder: *steam organ,* eine Art Harmonium; Anm. d. Übers.], eine Glasharmonika, eine Marimba – Sachen, um die ich immer einen Bogen gemacht hatte. Und Anthony Clark-Stewart spielte Dudelsack – es sah aus, als würde er 'ne Gans erwürgen!"

Erwähnenswert fand Waits auch, daß hier zum ersten Mal auf einer seiner Platten kein Saxophon zu hören war; mit diesem Album ließ er in der Tat den "Jazz" hinter sich und segelte auf eigenem Kurs auf und davon – ein Trawler mit allem möglichen Treibgut aus der Musiktradition Amerikas im Schleppnetz. Waits hatte begonnen, sich für die vielen unterschiedlichen Sounds und Strukturen zu interessieren, aus denen sich Musik zusammensetzt – er wollte die Musik von Captain Beefheart, Charles Ives, Slim Dusty und Howlin' Wolf miteinander verbinden. Die Idee zu "Swordfishtrombones" sei ihm gekommen, erklärte er, als er "dem Lärm in meinem Kopf" zuhörte und sich davon "eine Art Sperrmüll-Orchesterfassung" vorstellte: "Das Ganze ist ein chaotisches Tagebuch, eine Irrfahrt durch exotische Gegenden".

Über dem gesamten Album schwebt phantomgleich der Geist des Komponisten und Hobos Harry Partch, des Erfinders der "monophonen Tonskala" und Konstrukteurs von Instrumenten wie der *Mazda Marimba,* in die unter anderem Glühbirnen von genau bestimmter Tonhöhe eingebaut waren. Waits war fasziniert von Partchs radikalen Methoden, Musik in ihre Einzelteile zu zerlegen und sie dann neu und anders zusammenzusetzen: "Francis Thumm ist ein alter Kumpel von mir, er ist Professor und spielt im Harry Partch Ensemble das Chromelodeon [ein von Partch erfundenes umgebautes Harmonium mit spezieller Tastatur; Anm. d. Übers.] ... Partch war ein amerikanischer Hobo, und alle Instrumente, die er gebaut hat, bestanden im wesentlichen aus Dingen, die er am Straßenrand gefunden hat – nicht im wörtlichen Sinn, sondern im übertragenen. Er hat das ganze theoretische Musikgebäude auseinandergenommen und aus den Einzelteilen ein eigenes gebaut, aber mir gefallen einfach die Klänge, die dabei herauskommen."

Harry Partch war bereits 34, als er sich im Jahr 1935 *on the road* begab; während der folgenden acht Jahre war er "auf Walze" und führte genau das Leben, als dessen Symbol Waits später in dem Film "Ironweed" auftreten sollte. Partch hatte bereits mit vierzehn angefangen zu komponieren, war jedoch bald so unzufrieden mit seinen Werken, daß er mit Ende zwanzig ausnahmslos alles, was er bis dahin geschaffen hatte, vernichtete.

Als musikalischer Revolutionär war er fasziniert von der Idee, ganz von vorn anzufangen, und auf seinen Reisen, die er während der Großen Depression durch die Staaten unternahm, begann er, seine eigenen Instrumente zu bauen, die alle ohne Elektrizität auskamen. Mit Mitte vierzig machte Partch seine ersten Schallplattenaufnahmen, bei denen er nur eigene handgemachte Instrumente verwendete, so zum Beispiel eine Kithara, eine Lyra mit 72 Saiten und riesige Bambusrohre, die er *Boos* nannte. Das Album "The World Of Harry Partch" enthielt unter anderem eine Komposition mit dem bezeichnenden Titel "*Eight Hitch-Hiker Inscriptions From A Highway Railing At Barstow, California* [Acht Tramper-Inschriften von einem Highway-Geländer in Barstow, Kalifornien]". Partch starb 1974 in San Diego und blieb lange Zeit weitgehend unbeachtet, bis Waits in den achtziger Jahren nachdrücklich auf ihn aufmerksam zu machen begann.

Im "Playboy" schwärmte Waits von Partch und dessen Einfluß auf seine eigene Musik: "Partch war ein Innovator. Er baute seine Instrumente alle selbst, griff auf die amerikanische Hobo-Kultur zurück und entwarf Instrumente nach Ideen, die er in den Dreißigern und Vierzigern auf seinen Reisen durch die Staaten gesammelt hatte. Er benutzte ein Harmonium und ganz normale Wasserflaschen und baute riesige Marimbas. Er starb mit Anfang siebzig, aber das Harry Partch Ensemble tritt immer noch auf Festivals auf."

"Es wäre ein bißchen arrogant zu sagen, daß ich eine Verwandtschaft sehe zwischen seinen Sachen und meinen. Vielleicht bin ich nicht sehr wählerisch, aber ich verwende gern Sachen, die wir um uns herum ständig hören, selbstgebaute Instrumente und Zufallsinstrumente – Dinge, die man normalerweise nicht als Instrumente betrachten würde: jemand, der einen Stuhl über den Fußboden schleift, jemand, der 'ne Holzlatte an die Seite von einem Kleiderspind donnert, oder eine Freiheitsglocke, eine kaputte Bremstrommel, eine Polizeisirene. Sowas ist interessanter. Wissen Sie, ich mag keine geraden Linien. Das Problem ist, daß die meisten Instrumente eckig sind, und Musik ist immer rund."

Gleichgültig, welche Einflüsse eine Rolle gespielt haben mochten, das fertige Album war zweifellos ein echter Tom Waits. Seine Handschrift war unverkennbar, ob es sich um den schwarzen Humor in "Frank's Wild Years", die Blechbläsertruppe aus "In The Neighborhood" oder die düsteren Reflexionen in "Soldier's Things" und "Johnsburg, Illinois" handelte. Seinen Song "Underground" verglich Waits mit einer "Gemeinschaft von Zwergmutanten in einem unterirdischen Dampfbad", was einen Eindruck von der lebhaften Phantasie unseres Komponisten gibt.

Waits' Cut-Up-Technik, seine verdrehten Songstrukturen und Texte, in denen es um Alpträume und enttäuschte Hoffnungen ging, bildeten ein Album, das so klang, als sei es während einer einzigen rauschhaften Session aufgenommen worden. Nach allem, was Waits' bisher gemacht hatte, traf einen dieses Album unvorbereitet. "Swordfishtrombones" war zweifellos kein leicht zu hörendes Album – aber welche Platte mit Dudelsacktönen ist schon leicht zu hören?

Waits' scharfes Auge für Details war erneut weit geöffnet, am eindrucksvollsten in der Tragödie "Soldier's Things", wo der Sänger in einem schmuddeligen Garagenbasar die Überbleibsel eines Veteranenlebens besichtigt: "*Oh, and this one is for bravery/ and this one is for me/and everything's a dollar in this box* [Oh, und der hier ist für Tapferkeit/und der hier ist für mich/und alles in dieser Kiste kostet einen Dollar]." In "Town With No Cheer" strich Waits durch den riesigen australischen Busch; und indem er sich die Struktur für seinen Song von der herrlichen alternativen Nationalhymne Australiens, "A Pub With No Beer", ausborgte, verblüffte er sogar die australische Band The Triffids mit seiner authentischen Beschreibung des Hinterlands ihrer Heimat.

"In The Neighborhood" wurde als Waits' erste Island-Single veröffentlicht, zusammen mit einem atmosphärischen Videoclip, der von dem Kameramann Haskell Wexler inszeniert worden war, zu dessen früheren Arbeiten auch "American Graffiti" und "Einer flog übers Kuckucksnest" gehörten. Durch ein Fischaugenobjektiv und in wunderbaren Sepiatönen gedreht, zeigte der Film einen Tom Waits mit Zylinder, der als Anführer einer Karnervalsband seine zerlumpte Außenseitertruppe durch das im Titel genannte Nachbarschaftsviertel dirigiert; und falls es sich nicht bei allen Mitspielern um persönliche Freunde von Waits handelte, so sah doch zumindest jeder Einzelne von ihnen so aus wie jemand, den man sich vorstellen konnte, wie er bei ihm zu Hause auftauchte, um den Platz des fehlenden dritten Mannes beim Skat einzunehmen.

"Swordfishtrombones" war das erste Album, das Waits selbst produziert hatte. Darauf angesprochen, gestand er: "Ich ziehe mich morgens allein an, und da, dachte ich mir, kannst du dich auch um deine Musik allein kümmern." 1984 nahm Paul Young "Soldier's Things" für sein Hitalbum "The Secret Of Association" auf, auf dessen Cover der Name des Songschreibers allerdings mit "T. Waite" angegeben wurde.

"Swordfishtrombones" ist Waits persönliches Zoetrope-Studio: seine Kamera schwenkt hierhin und dorthin, fährt vor und wieder zurück aus seiner *neighborhood* – dort drüben ist Dave, der Metzger, und hier ist Kurt Weill, auf dem Weg zur nächsten Whisky-Bar. Charles Ives und Harry Partch spielen auf ramponierten Instrumenten zum Tanz auf, ein Soldat bietet in seinem Bauchladen die traurigen Überreste seiner Vergangenheit feil, und die Seeleute auf Landgang liefern sich eine Schlägerei. Im verdorrten australischen Busch bedeutet ein Pub ohne Bier (*"A Pub With No Beer"*) eine freudlose Stadt (*"Town With No Cheer"*); aber auch in einer Kleinstadt in Illinois herrscht Kummer. Es regnet, die Scheibenwischer der Autos werden mit den Wassermassen nicht mehr fertig, und der einzige Lichtschein stammt von einem brennenden Haus und fällt auf eine Figur, die Waits schon sehr bald näher kennenlernen soll.

Seinen ersten Auftritt hat Frank Leroux, als er gerade dabei ist, seine wilden Jahre an jenen Nagel zu hängen, den er seiner Frau in die Stirn geschlagen hat [*"and he hung his wild years on a nail that he drove through his wife's forehead"*], bevor er alles in Brand steckt, auf den Hollywood Freeway fährt und in Richtung Norden davonsteuert. "Frank's Wild Years" ist ein anderthalbminütiges Fragment aus einem weit größeren Ganzen. Waits gab an, zu dem Song durch eine Short Story von Charles Bukowski angeregt worden zu sein, in der es darum ging, daß es normalerweise Kleinigkeiten sind, die Leute ausflippen lassen – in Franks Fall ein blinder Chihuahua namens Carlos, der an einer Hautkrankheit leidet. Zwei Jahre später, auf "Rain Dogs", sollte sich Frank bereits zu einer Figur mit Eigenleben entwickelt haben, und 1987 sollten ihm gar ein eigenes Bühnenmusical und ein ganzes Album gewidmet werden. Das Letzte jedoch, was wir für den Augenblick zu sehen bekommen, ist Frank am Steuer seiner alten Limousine, die den Weg von seinem Haus herunterholpert und deren Heck beleuchtet wird von den brennenden Überresten dessen, was einmal sein Zuhause gewesen ist. Und der Hund ist natürlich tot.

Zur Zeit der Veröffentlichung von "Swordfishtrombones" verriet Tom Waits in einem Interview, daß zu seinen selbstgeschriebenen Lieblingskompositionen auch zwei Songs von diesem jüngsten Waits-Album gehörten, das instrumentale "Dave The Butcher" und "In The Neighborhood"; außerdem zeigte er eine starke väterliche Zuneigung gegenüber "Tom Traubert's Blues" und "Burma Shave". Über das Album insgesamt gab Waits zu Protokoll: "Sachen wie 'Frank's Wild Years' haben funktioniert, aber manchmal ist so eine Story auch zu trocken und eindimensional. Ich komme langsam an einen Punkt, wo ich Sachen haben will, in denen entweder die Worte präziser sind, so daß das Bild, das ich zu erzeugen versuche, klarer umrissen ist, oder wo sie im Hinblick auf die Beschreibung vager sind und auf diese Weise der Musik erlauben, den Hörer an den Ort zu versetzen, wohin ich ihn haben will. Ich hab' ja kürzlich beim Film gearbeitet, und da gibt's diese vielen Abteilungen, diese riesige Kommission, die alle Entscheidungen über die Illusion, die entstehen soll, fällt."

Es war Francis Ford Coppola, der die Kommission erneut zusammengerufen hatte, als er Waits' Mitgliedschaft im "Cotton Club" einfädelte. Wie bei jedem Projekt, mit dem er zu tun hatte, schien allein Coppolas Anwesenheit am Drehort das Budget explodieren zu lassen. Obwohl er zunächst nur engagiert worden war, um Mario Puzos Drehbuch umzuschreiben, fand sich Coppola schließlich in der Position des Leiters dieses 47-Millionen-Dollar-Projekts wieder, das bis zu seiner Fertigstellung sage und schreibe 38 verschiedene Drehbuchfassungen erlebte.

Der Film landete in genau jenem Sumpf, in dem die Filmindustrie der Achtziger ohnehin mit einem Bein zu stehen schien. Das Kino-Jahrzehnt hatte für Hollywood mit dem Präzedenzfall, den Michael Cimino mit seinem alle Kostenpläne zu Makulatur machenden "Heaven's Gate" geschaffen hatte, katastrophal begonnen und war orientierungslos weitergetaumelt mit Filmen wie "Revolution", "Howard The Duck" [Howard – ein tierischer Held"], "Labyrinth" und "Ishtar", von denen jeder mit einem Budget ausgestattet war, das zur Finanzierung eines Dutzend wertvoller Independent-Filme ausgereicht hätte. Doch indem sie verzweifelt an ihrer äußerst fragwürdigen *"Big Is Beautiful"* Maxime festhielten, jonglierten die Produzenten weiter mit den zunehmend aufgeblähten Egos ihrer Stars und den immer weiter in die Höhe schnellenden Budgets und standen am Ende mit leblos-leeren Kunstgebilden wie "Cotton Club" da.

Noch im Hochgefühl darüber schwelgend, daß er bei seinen zwei billigen und rasch heruntergedrehten Filmen "The Outsiders" und "Rumble Fish" mit unverbrauchten jungen Darstellern hatte arbeiten können, handelte sich Coppola Probleme mit dem Produzenten Robert Evans ein. Seit Zoetrope daran gewöhnt, den Zirkusdirektor zu spielen, kam Coppola nicht damit klar, sich plötzlich wieder in der Rolle des Angestellten zu befinden. Seinem ebenso ambitionierten wie schwerfälligen Film fehlte jenes Zentrum, in dem eigentlich der Cotton Club hätte stehen müssen; stattdessen wirkte er wie eine plumpe Kreuzung aus "Once Upon A Time In America ["Es war einmal in Amerika", Regie: Sergio Leone] und "Guys And Dolls" ["Schwere Jungen – leichte Mädchen", Musical von Regisseur Joseph L. Mankiewicz; Anm. d. Übers.].

Bei seiner Veröffentlichung im Jahr 1984 wurde Coppolas "Cotton Club" verrissen; Jazzfans sollten ohnehin einige Jahre später mit "Round Midnight" [Regie: Bertrand Tavernier] und "Bird" [Regie: Clint Eastwood] weit besser bedient sein. Es war offensichtlich, daß es das Tandem Coppola & Puzo nicht geschafft hatte, das Feuer, das ein Jahrzehnt zuvor den "Paten" ausgezeichnet hatte, neu zu entfachen. Das Publikum zeigte kaum Interesse an einem Ort, von dem die Filmwerbung behauptete, daß sich hier die Gangsterkönige mit den Reichen und Berühmten ein Stelldichein gaben.

Der Film war praktisch auf jeder Ebene ein Flop. Richard Gere war als Kornettspieler unglaubhaft, dafür schmeichelten dem Auge immerhin ein paar hübsche Tanznummern; aber bei einem Budget, von dem fünfzig Tanztruppen ein Jahr lang hätten existieren können, konnte man das schließlich erwarten. Der fertige Film bot eine ineffektive Mischung aus Steptanz und Bandenkrieg. Vor allem aber fehlte ihm jegliche Atmosphäre, denn der verqualmte Dunst, der Gefahr und dramatisches Geschehen signalisierte, drang nie über die Eingangsschwelle dieses Celluloid-Clubs hinaus ins Kinoparkett. Wie Waits' Filmcharakter an einer Stelle richtig bemerkte: "Dies ist eine Zeit harter Prüfungen für die Seelen der Menschen."

Die Ironie im Zusammenhang mit dem echten Cotton Cotton lag darin, daß er zwischen 1923 und 1936 New Yorks wichtigster Auftrittsort für schwarze Künstler war, daß jedoch als Gäste nur Weiße zugelassen waren. In dem Nachtclub in Harlem feilten Newcomer wie Duke Ellington und Cab Calloway an ihrem eigenen Stil, unter den Augen eines reichen weißen Publikums, das vor allem eines im Sinn hatte, nämlich seine Luxusgarderobe spazierenzuführen – *putting on the ritz...*

Waits berichtete, er habe für seine Minirolle in "Cotton Club" zehn Wochen im Smoking zugebracht ("war ein Gefühl, als würde man geschanghait..."). Mochte seine Rolle zunächst größer gewesen sein – so wie das Drehbuch nahezu täglich umgeschrieben wurde, so bugsierte man auch ihn nach und nach aus dem Film hinaus. In der Schlußfassung hatte Waits als zigarrenkauender Clubmanager Irving Stark noch etwa ein Dutzend Dialogzeilen, von denen er einige zu seinem eigenen Vergnügen durch den Lautsprecher zum Besten gab.

Die beiden einzigen Hauptdarsteller, die dem Schlamassel mit einer gewissen Würde entkamen, waren Fred Gwynne und Bob Hoskins, der sich einen Lebenstraum damit erfüllte, daß er an der Seite von "Herman Munster" [Figur aus der TV-Horrorfilmparodie-Serie "The Munsters" mit Gwynne als Frankensteins Monster; Anm. d. Übers.] auftrat. Waits war bereits ein großer Hoskins-Fan; mit großem Vergnügen hatte er seine Auftritte in der BBC-Serie "Pennies from Heaven" verfolgt, als diese im amerikanischen Fernsehen ausgestrahlt wurde. Überlassen wir Waits das Schlußwort zu dem ruinös teuren "Cotton Club"-Flop: *"Jazz? Delicious hot, disgusting cold!* [Jazz? Heiß ist er köstlich, kalt ist er grauenhaft!]"

Obwohl "Swordfishtrombones" bei seiner Veröffentlichung im Jahr 1983 von den Kritikern mit großem Beifall aufgenommen wurde, zog Waits mit seinem Album nicht gerade Millionen von Konsumenten das Geld aus der Tasche. Von Kristine McKenna wurde er gefragt, ob es sein Ziel sei, irgendwann eine Hitsingle zu haben. "Ich weiß nicht, ob man sich Dinge wünschen soll, die man nicht begreift, und dazu aus Gründen, die man für zweifelhaft hält. Eine Hitsingle bedeutet, daß man 'ne Menge Geld macht und daß 'ne Menge Leute wissen, wer man ist, und ich weiß nicht, ob das so wünschenswert ist."

"Ich sehe einfach nicht die Notwendigkeit, mein Gesicht auf 'ner Lunchbox in Connecticut zu haben. Ich sehe nicht, wie das ins große Ganze passen soll als etwas, für das es sich anzustrengen lohnt... Viele Menschen sehnen sich nach Zuneigung und Anerkennung in dem Sinn, daß diese anonyme Gruppe von Leuten denken soll, daß sie toll sind. Leute, die sie nicht mal kennen. Man will sich doch seine Freunde nicht willkürlich aussuchen."

Im Gespräch mit David McGhee tischte er dem Reporter eine typisch Waitsianische Beschreibung seiner bisherigen Karriere auf: "Eine Karriere ist wie ein ein Hund, den man treten kann. Manchmal springt er dich an, wenn du dich

Mit Gregory Hines (links) in *The Cotton Club*, 1984

gerade in Schale geworfen hast, und du mußt ihn ausschimpfen: "Runter mit dir, Junge!" Ein anderes Mal läuft er fort, und du kannst ihn nicht finden, und er landet im Tierheim, und du mußt einen Haufen Geld ausgeben, um ihn auszulösen. Genauso ist mein Hund. Meine Karriere ist mein Hund."

Gegenwärtig legte sich Waits' vierbeiniger Gefährte nicht brav hin, sondern kam ständig auf ihn zugelaufen, schwanzwedelnd und wild darauf, gestreichelt zu werden. Und Waits, barsch und abweisend, verpaßte ihm zwar immer neue Tritte, konnte jedoch nicht anders, als die Hartnäckigkeit des verdammten Viehs insgeheim zu bewundern.

Obwohl Tom Waits auch weiterhin Notizbücher voll mit Textzeilen und Songtiteln führte, schrieb er seine Songs jetzt häufig im Studio, und während er an einem Nachfolger für das vielgelobte "Swordfishtrombones" bastelte, fühlte er sich immer wieder an einen bestimmten Namen erinnert.

1983 hatte es so ausgesehen, als wäre das feurige Begräbnis, das Carlos, dem Chihuahua, zuteil wurde, ein ziemlich endgültiges, aber Waits und seine Frau Kathleen stellten fest, daß sie vom Charakter und den sonderbaren Obsessionen des Frank Leroux noch immer fasziniert waren. Was war es, das einen ganz normalen, gewöhnlichen Burschen wie Frank dazu brachte, das Haus seiner Familie anzuzünden, und was würde danach aus ihm werden?

Im Mai 1985 stellte Waits in einem Gespräch mit Barney Hoskyns ein weiteres Mal begeisterte Spekualationen über den Song und die Figur an: "'Frank's Wild Years'... ist daneben und unförmig und geschmacklos und intensiv... – also genau das Richtige für die ganze Familie... Frank geht nach Las Vegas und wird dort Sprecher eines Bekleidungsgeschäfts, das die ganze Nacht geöffnet hat. Er gewinnt einen Talentwettbewerb und etwas Geld beim Würfelspiel, aber dann wird er von einer Zigarettenverkäuferin ausgenommen, und – verzweifelt und ohne einen Penny – findet er ein Akkordeon in 'ner Mülltonne, und eines führt zum anderen, und bevor man sich's versieht, steht er schon auf einer Bühne. Denn damals, als er noch ein Kind war, hatten Franks Eltern ein Bestattungsunternehmen, und während seine Mutter den Gästen das Haar und das Make-Up machte, spielte Frank Akkordeon. So hatte er schon als Kind eine Karriere im Showbusiness begonnen."

Während sich Tom und Kathleen Waits immer weiter in die merkwürdige Welt des Frank Leroux hineinziehen ließen, ohne für die Zwischenzeit noch unveröffentlichtes Tom-Waits-Material auf Lager zu haben, nutzte seine alte Plattenfirma die Gelegenheit, zwanzig seiner bekanntesten Songs auf einem Doppelalbum neu herauszubringen. "The Asylum Years" von 1984 war eine kompetent zusammengestellte Compilation, die seine Karriere von der unschuldigen Nostalgie des Songs "Ol '55" bis hin zu dem Penner-Schlaflied "On The Nickel" umspannte. Das Album war ein angemessener Schlußpunkt für die Waits-Karriere bis 1980, aber es stellte ganz offensichtlich nicht mehr dar als einen Nachhall aus einer Welt, die Tom Waits längst verlassen hatte, während der Weg, den er nun beschritt, noch zu keinen vorzeigbaren Ergebnissen geführt hatte.

Waits' alte Songs fanden auch Eingang in "Streetwise", Martin Bells brutalem Dokumentarfilm aus dem Jahr 1984, der das Leben von Jugendlichen, die in

Seattle *"on the nickel"* leben, beschreibt. Der Film war ein qualvoller Bericht über Kinder, deren Alltag aus Drogen und Prostitution, Inzest und Verbrechen besteht, gedreht in lebendigem Cinéma-Vérité-Stil.

1985, zwei Jahre nach dem künstlerischen Triumph von "Swordfishtrombones", wurde Tom Waits zum zweiten Mal Vater. Nachdem er zunächst versucht war, seinen ersten Sohn Senator ("Senator Waits klingt gut!") oder Ajax zu nennen, entschied er sich schließlich gemeinsam mit seiner Frau für den Namen Casey Xavier. Als Vater genoß Waits die Rolle des unerbittlichen Zuchtmeisters, der darauf bestand, daß sich seine Familie allmorgendlich in Reih und Glied aufstellte und ihm salutierte, bevor er sie in die Militärschule schickte. So klang zumindest das, was der alte Schwadroneur der Öffentlichkeit über sein Familienleben verriet...

Schließlich kam Waits' neues Album heraus. Es hieß "Rain Dogs" und knüpfte dort an, wo "Swordfistrombones" aufgehört hatte. Nachdem er den ursprünglich geplanten Titel "Evening Train Wrecks" verworfen hatte, erläuterte Waits seinen Hunde-Titel so: "Es ist ein Phänomen, das man hauptsächlich in Lower Manhattan antrifft. Nach einem ordentlichen Regenguß sind die Hunde aufgeschmissen. Irgendwie hat das Wasser all ihre Duftmarken weggewaschen, und sie finden nicht mehr nach Hause. So um vier Uhr morgens sieht man dann all diese gestrandeten Hunde auf der Straße, und die schauen einen mit diesem Blick an: 'Wollen Sie mir nicht bitte helfen, Sir?'"

Das Album war leichter zugänglich als sein Vorgänger, wies jedoch alle Merkmale auf, die Waits' Werk in den achtziger Jahren kennzeichneten: schräge Instrumentierung, rätselhafte Texte, eine Vielzahl musikalischer Verweise, die Fähigkeit des Komponisten, sonderbare Charaktere in seinen Songs mit Sympathie zu beschreiben – und diese unverwechselbare Stimme. "Was halten Sie von sich als Sänger?" – "Ich bin nicht mehr als ein bellender Hund, aber ich glaube, meine Stimme paßt ganz gut zu meinem Material." – "Haben Sie schon mal etwas unternommen, um ihre Stimme etwas zu schonen oder zu schützen?" – "Sie vor *was* zu schützen? Vandalen?"

Großes Aufhebens wurde um Keith Richards' Beitrag zu dem Album gemacht, und Waits zeigte sich wie immer auskunftsfreudig, als er von Gavin Martin gefragt wurde, wie es zu der Mitwirkung des Rolling Stone gekommen sei: "Wir sind Verwandte, ich wußte es bloß nicht. Wir trafen uns in einem Geschäft für Damenunterwäsche, wir kauften BHs für unsere Frauen... Nein, er hat sich von mir schon so lange Geld geliehen, daß ich endlich mal einen Riegel vorschieben mußte... Ich wollte 'Union Square' eigentlich wieder rauswerfen – ich sagte, holt den Müllmann rein, das Ding fängt schon an zu stinken. Aber irgendjemand meinte, es hätte was. Zum Teufel, sagte ich, es hat gar nichts! Dann kam *er* rein – steht da vor der Uhr mit dem Kopf auf der Drei und dem Arm auf der Zehn. Ich sagte: Wie kann ein Mensch so dastehen, ohne umzufallen, es sei denn, er hängt an 'ner 200-Pfund-Test-Angelschnur von der Decke?! Es war wie eine Szene aus 'Arthur' ['Arthur – kein Kind von Traurigkeit']!"

Fans des "alten" Tom Waits waren beruhigt angesichts so wunderbarer Songs wie "Hang Down Your Head", "Downtown Train" und "Time", von denen der letztgenannte eine seiner zartesten und eindrucksvollsten Melodien enthielt; "Singapore", "Tango Till They're Sore" und "Walking Spanish" folgten hingegen jenen musikalischen Wegweisern, die Waits erstmals auf dem Album "Swordfishtrombones" errichtet hatte.

Auf seinem neuen Album mischte Waits seine Karten in mancher Hinsicht neu; so schienen einige seiner Songtexte – um im Bild zu bleiben – aus einem Stapel zu stammen, dessen Siegel bislang unverletzt gewesen war. "Time" war eine schmerzhafte Momentaufnahme von Verzweiflung und Isolation aus der Gegend von East St. Louis, wo der Wind große Reden schwingt und der Regen wie eine Applaussalve klingt (*"And you're east of East St. Louis/And the wind is making speeches/And the rain sounds like a round of applause"*). So wie Waits diese knappen Zeilen sang, mußte es sich um den gottverlassensten Flecken auf dem ganzen Planeten handeln. In "Downtown Train" ließ er die Mädchen aus Brooklyn auftreten, die wie Krähen auseinanderflattern, wenn ihnen jemand zuwinkt – "Dornen ohne Rosen" (*"all those brooklyn girls..., you wave your hand and they scatter like crows..., thorns without a rose"*). Und in der "Cemetery Polka" wanderte Waits ein weiteres Mal pfeifend über einen Friedhof und machte dabei seine scharfen Beobachtungen: *"Uncle Bill will never leave a will, and the tumour is as big as an egg/He has a mistress, she's a Puerto Rican, and I heard she has a wooden leg* [Onkel Bill ist stur wie sonstwas, und sein Tumor ist schon so groß wie ein Ei/Er hat 'ne Geliebte, sie ist Puertorikanerin, und ich hab' gehört, sie hat ein Holzbein]".

Die Schauplätze in diesen Songs sind die regennassen Straßen der nächtlichen Großstadt, durch die die Regenhunde streunen, die Hafendocks, an denen der Sänger herumlungert, um die Frachter zu beobachten, wenn sie nach Singapur auslaufen, und nicht zuletzt die Ecke 9th & Hennepin, an der sich die Menschen wie Hunde verhalten (*"and everyone is behaving like dogs"*). Mit "Rain Dogs" festigte Waits seine Position als einer der wenigen echten musikalischen Innovatoren der Achtziger. Sich auf seinen Lorbeeren auszuruhen hätte ihm nur ein nervöses Kribbeln beschert, also schnürte er sein Bündel und machte sich auf und davon in neue unerforschte Regionen.

Hier war Musik, die klang, als stammte sie direkt aus den Varietés der Weimarer Republik – satirisch-schräge Kabarett-Sounds wie aus den Amüsierlokalen am Kurfürstendamm, ehe der braune Mob die Musik von Brecht und Eisler in den Staub trat. Hier war Blues, der den Eindruck machte, als habe er zu lange in einem feuchten Kellerloch zwischen ausrangierten Kleidungsstücken gelegen. Hier war Jazz, wie ihn die Welt seit den Tagen der schwarzen Begräbniskapellen im New Orleans der zwanziger Jahre nicht mehr gehört hatte. "Blind Love" war ein arthritischer Country & Western-Song. Und nun fügen Sie noch etwas kubanischen Tango der Batista-Ära hinzu, einen Teelöffel Tarantella, der auch Columbus zum Tanzen gebracht hätte, eine Prise zerstoßenen Rock'n'Roll-Rhythmus und eine Fingerspitze frischen Estragon, und bringen Sie das Ganze zum Kochen!

Waits hatte mittlerweile eine Faszination für ungewöhnliche musikalische Sounds und Klangstrukturen entwickelt. Wollte er den Klang eines Nagels haben, der in ein Stück Holz getrieben wird, so stellte er ein Mikro auf und schwang höchstpersönlich den Hammer – kein Sampling bitte für diesen Holzfäller! "Die Klangstruktur ist sehr wichtig für mich; es ist, als ob man eine Maserung herausarbeitet oder sie ein bißchen versaut. Ich mag diese Reinheit nicht. Ich mag es, wenn man Oberflächenkratzer hört. Manchmal wird daraus der Leim für die Sachen, die man macht."

Der Leim, der "Rain Dogs" zusammenhielt, was tatsächlich einzigartig. Die zuweilen schreckliche Schönheit, die Waits' elliptische Schilderungen seiner Welt auszeichnete, und die Präzision, mit der er jedem seiner Stücke einen individuellen Sound maßschneiderte, sorgten dafür, daß "Rain Dogs" völlig aus dem Rahmen des Gewöhnlichen fiel.

Das Album war das erste, das Waits komplett in New York produziert hatte; zusammen mit seiner Familie wohnte er in der Gegend zwischen dem Waffendepot des Staates New York und dem Hauptquartier der Heilsarmee. Waits' Eklektizismus war beeindruckend: Eine Zeile in "Singapore" – "*In the land of the blind, the one-eyed man is King* [Im Lande der Blinden ist der Einäugige König]" stammte ursprünglich aus den im 15. Jahrhundert verfaßten "Proverben" des Michael Apostolius und war zugleich der Titel einer Short Story von H.G. Wells; "Clap Hands" war eine Art Fortsetzung von Shirley Ellis' "Clapping Song"; den Refrain von "Jockey Full of Bourbon" hatte sich Waits bei einem alten Kinderlied ausgeborgt; und die Melodie von "Hang Down Your Head" kannte man von dem so unglücklich zu Tode gekommenen "Tom Dooley".

Auf "Rain Dogs" präsentierte sich Tom Waits als Geschichtenerzähler par excellence. Möglicherweise bekam man nicht gleich beim ersten Hören alle Worte mit, und die Moral von der Geschichte war auch nicht ganz klar, aber man wußte, daß man es hier mit großartigem Seemannsgarn zu tun hatte. Denn das Bild, das Waits' von sich vermittelte, war in der Tat das eines mürrischen alten Seebärs, der jeden am Ärmel festhielt, der so ausah, als würde er sich seine Geschichten anhören – ein weit herumgekommener Säufer mit einem unerschöpflichen Fundus an abenteuerlichen Anekdoten, die man um den Preis eines Drinks zu hören bekommen konnte.

Fest entschlossen, Waits auf ein verängstigtes Teenagerpublikum loszulassen, koppelte man bei Island "Downtown Train" als erste Single vom neuen Album aus. Während G.E. Smith (der zum ersten Mal im Jahr 1980 als Gitarrist von Hall & Oates von sich reden gemacht hatte und später, 1988, als Tourmusiker von Bob Dylan Lorbeer erntete) in die Saiten hieb, konnte man in der Eingangsszene eines in hartem Schwarzweiß gedrehten Videoclips den leibhaftigen "Wilden Stier" Jake La Motta sehen, wie er sich über den unter seinem Fenster singenden Waits beschwert. Waits tänzelt über die regenüberschwemmten Straßen, mit Haaren, die ihm vom Kopf abstehen wie Roßhaar, das durch den Riß in einem alten Sofapolster ragt, und mit spindeldürren Armen, die in der Luft herumrudern, als wollten sie mit den Sternen Fangen spielen.

Was man in diesen Songs hörte, waren jedoch nur Bruchstücke einer viel umfangreicheren Story, die zu dieser Zeit bereits dabei war, sich zu einem Musical auszuwachsen, das schließlich im Juni 1986 in Chicago seine Premiere erleben sollte: "Frank's Wild Years".

Doch Frank selbst war auf "Rain Dogs" bereits anwesend – wie Henry Fonda in "Die Früchte des Zorns": "Ich werde immer da sein, im Verborgenen. Ich werde überall sein... Ich werde da sein, wenn Männer heulen vor Wut, und ich werde da sein, wenn Kinder, die hungrig sind, lachen, weil sie wissen, das Abendessen ist fertig. Und wenn die Menschen die Dinge essen, die sie geerntet haben, und in den Häusern leben, die sie gebaut haben – dann werde ich auch da sein."

"Rain Dogs" wurde allgemein als würdiger Nachfolger von "Swordfishtrombones" gepriesen. Bono von U2 ließ Waits, als er das Album zu einem der besten des Jahres 1985 erklärte, sein allerhöchstes Lob zuteil werden: "Er hätte Ire sein sollen." Auch Michael Stipe von R.E.M. wählte "Swordfishtrombones" zu seinem Lieblingsalbum, während die Kritiker des "Rolling Stone" Waits zum Songschreiber des Jahres kürten und die Pogues das Album monatelang als kakophonischen Soundtrack in ihrem Tourbus spielten.

Auf seiner Tournee von 1985 spielte Waits in ganz Europa vor ausverkauften Häusern. Live mußte Waits mit chirurgischen Mitteln vom Mikrophonständer getrennt werden: Die dünnen Arme in die Seiten gestemmt, bellte er seine Texte ins Mikro, den Hut verwegen schräg auf dem Kopf, mit einem Gesicht wie aus Knetgummi. Und wenn er am Piano saß, fuhren Waits' auffallend knochige Finger auf der Tastatur hin und her, und, die Augen geschlossen und mit träumerisch schiefgelegtem Kopf, schickte er seine Stimme auf immer neue Kamikaze-Missionen, auf der Suche nach den längst unerreichbaren hohen Tönen.

Wie ungezogene Kinder, so waren Waits' Songs auf dieser Tour gleichermaßen unwiderstehlich wie dazu geeignet, einen zum Wahnsinn zu treiben. Ganz im Gegensatz zu dem Anblick, den Waits bot, wenn er scheinbar unkontrolliert über die Bühne torkelte, hatte er seine Band fest im Griff und war entschlossen, seinen abenteuerlichen Studiosound im Konzert zu reproduzieren. "Zu einem bestimmten Zeitpunkt", gestand Waits mit seinem wie üblich hintertriebenen Witz, "hab' ich sogar versucht, die ganze Band mit Liliputanern zu besetzen... Wahrscheinlich hatte es damit zu tun, daß ich gerade dabei war, Vater zu werden."

In einer Ära zunehmenden Pomps und wachsender Egozentrik innerhalb der Rockszene waren die Tom-Waits-Shows von 1985 höchst willkommene Beispiele für Intimität und Kommunikation. Die sechs Abende, an denen Waits im Londoner "Dominion" auftrat, hatten zur Folge, daß die Kritiker ihren Wortschatz nach immer neuen Superlativen durchforsteten. Selbst das Modemagazin "Elle" schrieb, "der Beweis für guten Geschmack in diesem Monat" sei, in ein Waits-Konzert zu gehen. Nicht jeder ließ sich jedoch von der allgemeinen Begeisterung anstecken; so nörgelte "Record Mirror"-Leser Sean Coyne, Waits "kam mir mehr wie Frank Sinatras Großvater vor als wie das Heißeste, was in den letzten Monaten über den Atlantik gekommen ist".

Und dann war da immer noch Frank... "Wie ist es eigentlich dazu gekommen, daß aus 'Frank's Wild Years' ein Musical wurde?" wollte der Journalist Gavin Martin wissen. Waits: "Der Song war wie einer dieser Glückskekse; nachdem ich ihn geschrieben hatte, fragte ich mich, was eigentlich mit diesem Typ passiert ist. Jeder kennt solche Typen – Leute, die man lange nicht gesehen hat. Jeder macht ja in verschiedenen Phasen seines Lebens bestimmte Veränderungen durch, aber mit den Augen eines anderen betrachtet, sieht das oft seltsam aus. Und nach diesem Prinzip hab' ich versucht, mir Frank vorzustellen, denn, weißt du, meine Eltern haben sich scheiden lassen, als ich noch ein Kind war und – he, hör mal, ich geb' dir 100 Dollar und leg' mich da drüben auf die Couch, und du machst dir Notizen, und dann werden wir sehen, ob wir dem Ganzen nicht auf den Grund kommen können!"

SECHS

Der Schriftsteller Nelson Algren beschrieb die Bürger von Chicago als "die *Nobodies,* die keiner kennt, mit Gesichtern, die aus dem gleichen Stoff gemacht sind wie ihre Baseballmützen, und in den Augen der Frauen spiegelt sich nichts als der Asphalt." Und der Dramatiker David Mamet sagte: "Das Publikum in Chicago läßt sich nicht leicht zum Narren halten. Wenn die Leute dort ins Theater gehen, wollen sie etwas sehen, das sie umhaut."

Die *Windy City* war der einzige Ort auf Gottes weiter Erde, der das Musical "Frank's Wild Years" in all seiner Pracht zu sehen bekommen sollte. Waits' hatte eine Schwäche für Chicago – Kathleen hatte dort ein paar Jahre gelebt, und die dort ansässige *Steppenwolf Theatre Company* hatte Eindruck auf ihn gemacht.

Tom Waits schenkte Franks Chicago-Publikum nichts. Auf die Bitte von David Letterman, dem Gastgeber einer Fernseh-Schwatzrunde, er möge die Aufführung beschreiben, bezeichnete Waits sie in hilfreicher Weise als "eine Kreuzung aus Jacqueline Susanns *'The Love Machine* [Die Liebesmaschine]' und dem Neuen Testament" und später als "eine Mischung aus 'Eraserhead' [Spielfilm von David Lynch] und *'It's A Wonderful Life'* ['Das Leben ist wundervoll', Spielfilm von Frank Capra mit James Stewart; Anm. d. Übers.]".

In den drei Sommermonaten des Jahres 1986, in denen "Frank's Wild Years" in Chicago aufgeführt wurde, war das "Briar Street Theatre" ständig ausverkauft, und Waits selbst stand jeden Abend in der Titelrolle auf der Bühne. Das fertige Stück war das Ergebnis einer gleichberechtigten Zusammenarbeit zwischen Tom Waits und seiner Frau Kathleen, die die Figur des Frank Leroux (für die Bühnenaufführung in Frank O'Brien umbenannt) aus dem kleinen Songfetzen auf "Swordfishtrombones" entwickelt hatten.

Frank war zu einer Art leerer Leinwand geworden, die Tom und Kathleen mit allen Einzelheiten füllen konnten, die nach ihrer Meinung das Leben dieses Mannes ausmachten. Es war Francis Ford Coppola, der Waits als erster mit den Reizen der Oper bekanntgemacht hatte; das Etikett "un operachi romantico", das die Show zierte, stammte allerdings von Kathleen. "Frank's Wild Years" war jedoch nicht die Sorte Oper, die ein Wagner akzeptiert hätte, auch wenn Waits' Rheinnixen gleichfalls mit Nibelungenbrüsten ausgestattet waren. Franks gesamte Welt bestand nur aus Parkbänken und Bars, aber Waits war überzeugt, daß die Aufführung einer "Geschichte aus der Bibel" glich – "die Erlösung eines Mannes, seine Taufe und so weiter".

Als Waits von Brian Case im Jahr 1987 gebeten wurde, das Stück für all diejenigen zu beschreiben, die in Chicago nicht hatten dabeisein können, antwortete er: "'Frank's Wild Years' ist die Geschichte von einem Burschen aus einer Kleinstadt, der auszieht, um reich und berühmt zu werden, und der über jeden Stein stolpert, der auf der Straße liegt. Frank ist kein Siegertyp. In der ersten Szene sitzt er auf einer Parkbank in East St. Louis – verzweifelt, ohne einen Penny in der Tasche, frierend – aber er träumt sich zurück in den Saloon, in dem er angefangen hat... Alle Schwächen, die Frank hat, nehmen vor ihm lebendige Gestalt an, mitten in der Bar, in der er seine großen Töne spuckt..."

Waits erklärte, Frank sei in seinen Augen eine Art urbaner Don Quijote, der gegen Windmühlenflügel kämpfe und in seinen Einbildungen verstrickt sei. Aber mochte Frank vielleicht ein Verlierer sein, so war er doch auch ein Kämpfer, und am Schluß erhält er wenigstens eine neue Chance. Für Waits war Frank die fleischgewordene Gegenthese zu F. Scott Fitzgeralds oft zitiertem Satz: "Es gibt keinen zweiten Akt im Leben von Amerikanern."

Das Stück schilderte Franks urbane Odyssee zwischen Parkbänken und Bars, wobei die Songs als Kommentar zu seinem Innenleben, seinen Sehnsüchten und seinen Illusionen dienten. "Es ist im Grunde bloß die Geschichte von einem Burschen aus 'ner Kleinstadt, der auszieht, um reich und berühmt zu werden – die ganz normale Irrfahrt. Das, was am Ende passiert, ist, daß er sich nach Hause zurückträumt, in den Saloon, wo er angefangen hat. Man spendiert ihm... eine Fahrkarte nach Hause, und da erzählt er dann die Geschichte seines Erfolgs. Aber mittendrin hört er auf und erzählt, wie es wirklich war. Er ist kein Held, er ist kein Sieger, und er ist auch nicht das gewesen, wofür er sich ausgegeben hat. Er ist in Wirklichkeit ein Typ gewesen, der über jeden Stein auf der Straße gestolpert ist. Seine Freunde bringen ihn irgendwie darüber hinweg und sagen ihm, daß er noch soviel vor sich hat, für das es sich zu leben lohnt. Am Schluß wacht er auf seiner Bank auf und ist bereit, nochmal neu anzufangen."

Auf seinen Reisen trifft Frank auf einen verrückten blinden Prediger (siehe den Song "Way Down In The Hole") und findet sich in New York als Sprecher von "Zookie's East" wieder, einem Herrenbekleidungsgeschäft, das Glitzeranzüge à la Las Vegas verkauft und wo er gezwungen wird, den Text seines Songs "Innocent When You Dream" so zu ändern, daß am Ende ein kommerzielleres "*In A Suit Of Your Dreams* [In einem Anzug Ihrer Träume]" herauskommt.

Die komplexe Mehrdeutigkeit, die Franks Entwicklungsprozeß in der Aufführung von Chicago auszeichnete, kommentierte Waits mit den Worten: "Live ist das Ganze wirklich doppelbödig, und es kommt darauf an, wieviel man glauben will – ob etwa Frank die Augen für seine Schwächen erst Augenblicke vor seinem Tod geöffnet werden. Es war die Schneeflocke, die nicht gefallen ist, die ihn davor bewahrt hat, den Gefrierpunkt zu erreichen."

Die ursprünglichen Pläne, "Frank's Wild Years" zu verfilmen, mußten zurückgestellt werden, und die Kosten, um mit dem Stück auf Tournee zu gehen, stellten sich als unerschwinglich heraus. Um aber wenigstens einige Ideen aus der Show zu verwerten, konzipierte Waits aus verschiedenen Elementen ein Album und eine Tour, was seine Zeit für einen Großteil des Jahres 1987 in Anspruch nahm.

Das Album vermittelte einen zutreffenden Eindruck von der Aufführung in Chicago und zeigte zugleich, wie abwechslungsreich Waits' Musik mittlerweile geworden war: "Franks Wild Years" enthielt alle möglichen Stile und Einflüsse, von Frank Sinatra über Marty Robbins bis hin zu irischen Balladen, von mexikanischer Mariachi-Musik bis zu Rudy Vallee. Doch Waits' Stärke bestand nicht allein in seiner musikalischen Virtuosität; denn es ging ihm keineswegs darum zu demonstrieren, daß er mit links Mariachi und mit rechts *Muzak* spielen konnte. Waits schaffte es vielmehr, sich in einen Musikstil hineinzudenken, ja, er konnte in ihn hineinschlüpfen, um sich am anderen Ende wieder herauszuwühlen, wobei genügend Partikel an ihm hängenblieben, damit er anschließend seine eigene Variante anfertigen konnte. Waits war in Franks Zirkus der verrückte Direktor, der die Peitsche knallen ließ, während seine Chargen ihre Kunststücke vollführten; er selbst stand zwar außerhalb, aber nahe genug, um jederzeit in die Manege springen und das Geschehen in eine andere Richtung lenken zu können.

Wenn Songschreiber gebeten werden, über ihre Songs zu sprechen, lassen sich ihre Antworten normalerweise in zwei Kategorien einordnen: 1. "Ich habe keine Ahnung, wo die Songs herkommen... Es ist, als ob... – naja, als ob *ich* es gar nicht bin, der sie schreibt. Sie kommen nicht von mir, sie kommen von... naja, von irgendwo anders her eben." – 2. "Also, ich habe so ein Buch gelesen darüber, wie man Atome nur mit einem Kamm und einem Gummiband spalten kann, und dann habe ich einen Song darüber geschrieben."

Wäre jemand auf die Idee gekommen, Tom Waits in den Zeugenstand zu rufen und über seine Methode des Songschreibens auszufragen, hätte er genausogut den Baron Münchhausen vereidigen und nach seinen Urlaubsplänen fragen können. Waits' Versuche, seine Arbeitsweise zu beschreiben, glichen einem Streifzug durch einen billigen Souvenirladen; zu jeder bunten Glasperle fiel ihm eine Geschichte ein, jeder Schneesturm im Schüttelglas löste eine Erinnerung aus.

Zu seinem Album "Franks Wild Years" machte Waits gegenüber dem Journalisten Rip Hense einige beiläufige Bemerkungen: "Hang On St. Christopher": "Jerry Lewis, der mit der Titanic untergeht, ...ein perverser Varieté-Ansager, ...'ne Art mutierter James Brown." – "I'll Be Gone": "Eine Tarus-Bulba-Nummer. Fast wie eine Tarantella... Bestandteil eines heidnischen Rituals, das man in der Gegend von Los Angeles noch heute beobachten kann." – "Yesterday Is Here": "Wollte ein bißchen Spaghetti-Western-Atmosphäre haben... Den Titel hab' ich von Fred Gwynne bekommen." – "More than Rain": "Ein kleiner Edith-Piaf-Versuch." – "I'll Take New York": "Ich glaube, das ist das Stück auf der Platte, das einem Alptraum am nächsten kommt. Ein Typ steht auf dem Times Square, mit Tuberkulose und ohne Geld."

Obschon stolzer Besitzer einer der Stimmen mit dem höchsten Wiedererkennungswert in der Popmusik, tauschte Waits auf diesem Album sein typisches Reibeisenorgan gegen ein flexibleres Instrument ein und gab sich alle Mühe, es so einzusetzen, daß es zu jedem Song wie maßgeschneidert paßte. So sang er "Hang On St. Christopher" auf eine atemlos-wilde Weise, während er "Innocent When You Dream" eine naive, beinahe kindliche Qualität verlieh. Und in "I'll Take New York" tippte er kurz an die Krempe seines Filzhuts, ein Gruß an Francis Albert Sinatra. Auf der Bühne schickte er dem Song zusätzlich folgende Einleitung voraus: "Ich war beim Hals-, Nasen-, Ohren-Arzt, und er sagte: 'Sie können nicht so weiter singen wie bisher, sie werden noch wie Frank Sinatra enden.' Ich sagte: 'Was? Reich und mächtig?'" Darüberhinaus gestand Waits, speziell für den beliebtesten Crooner, den Hoboken je hervorgebracht hat, einen Song mit dem Titel "Empty Pockets" geschrieben zu haben; aber offenbar hatte er nicht bis zu Sinatra durchdringen können: "Ich glaube, er steht nicht im Telefonbuch."

Viele Texte auf dem Album beschäftigten sich mit Träumen, aber Waits gab auch eine Menge weiser Ratschläge wie den folgenden in "Telephone Call From Istanbul": "*Never trust a man in a blue trench coat/Never drive a car when you're dead!* [Trau keinem Mann im blauen Trenchcoat/Fahr nie Auto, wenn du tot bist!]"

Die traurige Abwärtsspirale von Franks Leben wird auf wunderbare Weise in den Songs "Cold Cold Ground" und "Train Song" beschrieben, von denen letzterer den Grund für Franks Niedergang nennt. Wieder einmal am Boden, gestrandet in East St. Louis, stellt Frank resigniert fest: "*It was a train that took me away from here, but a train can't take me home* [Ein Zug war's, der mich von hier fortgebracht hat, aber kein Zug kann mich wieder nach Hause bringen]." Zuviel ist geschehen, seit er damals fortgegangen ist; 10.000 Meilen hat er zurückgelegt, und am Ende dieses langen Wegs ist ihm nichts geblieben.

Die Platte endet mit einer kratzigen Version ihres schönsten Songs, "Innocent When You Dream", der klingt, als komme er von einer verkratzten Schellackplatte. Der kleine Walzer verdankt seine Entstehung der Vorliebe von Waits' Schwiegervater für den irischen Sänger John McCormack sowie dem Einfluß der Pogues und der traditionellen Musik Irlands. Zu der Szenerie, die er beschreibt, gehören liebliche grüne Felder, Fledermäuse im Kirchturm und Rauhreif auf dem Moor, und vom Refrain kann man sich gut vorstellen, daß er sich zu einer vorgerückten Tageszeit, wenn aus Geselligkeit längst ein Schwelgen in sentimentalen Erinnerungen geworden ist, aus der Schenke eines kleinen irischen Dorfes aufschwingt, so wie der Rauch aus den Torffeuern.

Es war dieser Zug irischer Melancholie – die Kehrseite des ungestümen keltischen Temperaments –, der Waits auf Anhieb zu den Pogues hinzog. "Sie haben allein dafür einen Preis verdient, daß sie sich getraut haben...", bemerkte Waits bewundernd. "Sie sehen aus wie aus einem Hieronymus-Bosch-Gemälde... Wenn der Sänger lächelt, sieht's aus wie in der South Bronx." Außerdem verriet Waits, daß die Lieblingsplatte seiner Tochter Kelly Simone die Pogues-Version von Ewan MacColls "Dirty Old Town" sei.

Obwohl getrennt durch den Nordatlantik, sind Tom Waits und die Pogues doch wahre Seelenverwandte. Waits war auch fest entschlossen, das dritte Album der Band zu produzieren, aber dann kamen vertragliche Probleme mit der Plattenfirma der Gruppe dazwischen, und die dreijährige Verzögerung, die sich daraus ergab, kollidierte offensichtlich mit Waits' übrigen Verpflichtungen. Seine Begeisterung ging so weit, daß er Exemplare des zweiten Pogues-Albums "Rum, Sodomy And The Lash" seinen "Ironweed"-Kollegen Jack Nicholson und Meryl Streep mitbrachte; die Reaktion der beiden Beschenkten ist leider nicht überliefert.

James Fearnley, der Akkordeonspieler der Pogues, hat verschwommene Erinnerungen an einen feuchtfröhlichen Abend, den er mit Waits während der Spielzeit von "Frank's Wild Years" in Chicago verbrachte. Der Streifzug durch eine Reihe zunehmend heruntergekommener Chicago-Bars, auf dem ihnen der Name Waits die Tür zu allen möglichen zweifelhaften Etablissements öffnete, endete damit, daß Fearnley, wie er sich dunkel erinnert, das Thema des Films "Exodus" spielte und dabei von Waits auf dem Klavier begleitet wurde.

Auch Waits' Mutter war zu dieser Zeit in der Stadt, um zu sehen, wie ihr einziger Sohn mit seiner Karriere vorankam, und wahrscheinlich war sie erfreut darüber, daß er "solide" geworden zu sein schien. Irgendwie hatte sie sich verleiten lassen, mit auf die Zechtour zu kommen, was ihren Sohn dazu veranlaßte, am Ende des Abends von der Bühne herab zu bemerken: "Ich kann's nicht glauben – meine Mutter säuft in einer Bar mit den Pogues!"

Auch die frühere Pogues-Bassistin Cait O'Riordan (heute: Mrs. Costello, Ehefrau von Elvis Costello) verbindet mit Waits besondere Erinnerungen: Zum ersten Mal gesungen hatte sie in einer Band aus dem Norden Londons, die sich Pride Of The Cross nannte und es nur zu einer einzigen Single brachte: "Tommy's Blue Valentine", eine Hommage von Cait für ihren Helden Tom Waits.

"Franks Wild Years" ist Waits bestes Album der gesamten Dekade, eine meisterhafte Melange, die zwischen ätzendem Sarkasmus und kindlicher Unschuld wild changiert. Sogar ohne den roten Faden, den Franks Schicksal liefert, stehen die Songs – unter ihnen einige der besten, die Waits geschrieben hat – in einem engen Zusammenhang. Mit diesen Texten bewies Waits einmal mehr seine ungewöhnliche Fähigkeit, ehrliche Gefühle zu vermitteln, ohne je in falsche Nostalgie abzugleiten. Die Irrfahrt von Frank Leroux hatte über vier Jahre gedauert, und während dieser Zeit hatte Waits seine Figur ins Herz geschlossen. Trotzdem hieß es für ihn nun: "Frank – R.I.P."

"Mit 'Franks Wild Years' geht, glaube ich, ein Kapitel zu Ende. Irgendwie scheinen mir die drei zusammenzugehören: In "Swordfishtrombones' hat es angefangen mit Frank, in 'Rain Dogs' hat er eine gute Zeit gehabt, und in 'Franks Wild Years' ist er wirklich erwachsen geworden. Zwischen den drei Platten scheint eine Verwandtschaft zu bestehen – vielleicht nicht so sehr inhaltlich, aber zumindest in dem Sinne, daß sie eine deutliche Abkehr von den vorherigen Alben darstellen..."

Für Waits war die "Frank"-Trilogie auch eine Gelegenheit gewesen, einen Kreuzzug zu starten und seiner Vision zu folgen, um das Akkordeon in die vorderste Reihe der populären Musik Amerikas zurückzuholen. Waits' Vorliebe für dieses Instrument ging bis in seine Jugendjahre zurück; einmal hatte er sogar behauptet, sein erstes professionelles Engagement sei das des ersten Akkordeonspielers in einer polnischen Polka-Kapelle zu Hause in Pomona gewesen. Einer der Akkordeonspieler auf dem "Frank"-Album war übrigens David Hidalgo von Los Lobos, der dieselbe Aufgabe auch auf Paul Simons "Graceland" übernommen hatte.

Waits' musikalisches Ziel auf "Franks Wild Years" war es, Klänge zu schaffen, die viele verschiedene "Oberflächenstrukturen" aufwiesen – was ihm vorschwebte, war ein "Braille-Sound". Das Problem, dem er sich dabei gegenübersah, bestand darin, daß es, je weiter die technologiebesessenen achtziger Jahre voranschritten, desto schwieriger wurde, diese rauhe Oberfläche zu erzielen. Waits' Schwäche für archaische Instrumente wie das Optigon, das er auf diesem Album in den Songs "Straight To The Top (Rhumba)" und "Temptation" einsetzte, ist wohldokumentiert. So erklärte er Bill Forman: "Das Optigon ist eine Art früher Synthesizer oder Orgel für Zuhause. Man hat diese Schallplatten, die einem einen bestimmten Background liefern – Volksmusik aus Tahiti, großes Orchester, kleine Bar-Band –, und zu diesen verschiedenen musikalischen Welten spielt man seine eigenen Melodien. Man kriegt ein ganzes Lexikon mit solchen Musikwelten dazugeliefert."

Ebenso brachte Waits dem Mellotron, das in den Augen der meisten durch den Synthesizer längst überflüssig geworden war, eine tiefe und hartnäckige Zuneigung entgegen. Unglücklicherweise wurde, wie Waits selbst gestand, aus seiner Leidenschaft für diese Instrumente allzu häufig ein technischer Alptraum, wenn er versuchte, sie für Aufnahmezwecke zu verwenden: "Die Beatles haben das Mellotron oft benutzt. Beefheart hat es oft benutzt. Sie sind sehr alt, und heute werden sie nicht mehr gebaut. Viele von ihnen sind sehr empfänglich für Störungen durch Rundfunksender, CB-Funk, Fernsehsignale und den Funkverkehr von Flugzeugen. Und es ist sehr schwer, mit ihnen im Studio zu arbeiten, weil ihre Elektronik so primitiv ist. Es ist fast so, als ob man ein drahtloses Telefon benutzt oder eines von diesen alten Kristalldetektor-Radios."

"Die meisten dieser Instrumente... kann man in jedem Pfandleihhaus finden", verriet Waits. "Ich stehe immer noch nicht mit beiden Beinen im 20. Jahrhundert. Ich singe durch ein Polizei-Megaphon für 29,95 Dollar, und wenn man mal eines von diesen Dingern benutzt hat, ist es schwierig, wieder zurückzugehen! Es hatte schon was – die Autorität, die es verkörperte, und die Macht, die es mir im Studio über die Musiker gab!"

"Franks Wild Years" war Waits dritte Arbeit als Produzent, und er erklärte, im Studio sei er hin und wieder "ein echter Bastard": "Jeder muß eine Uniform tragen mit seinem Namen drauf. Wenn sie gut bezahlt werden, kann man fast alles von ihnen verlangen. Sie sind wie eine Armee. Entweder sie kriechen auf dem Bauch rum, oder *wir* nehmen uns ihren Bauch mal vor!" Und im gleichen Sinn nannte Waits als einen Höhepunkt der Aufnahmesessions den Anblick von "Bill Schimmel, der eine richtige klassische Ausbildung in der Juilliard [*The Juilliard School*: exklusive private Musikhochschule in New York; Anm. d. Übers.] hinter sich hat, wie er auf den Knien rumrutscht und mit den Fäusten auf den Fußpedalen seiner B-3 [Hammondorgel] spielt. Kam ganz schön ins Schwitzen dabei!"

Nachdem er Frank in Vinyl verewigt hatte, machte sich Waits Gedanken über ein neues Live-Programm, das allerdings auch weiterhin Elemente aus der "Frank"-Aufführung enthalten sollte. Typisch für ihn ist, wie er der Antwort auf die Frage nach seinem Verhältnis zu den Musikern seiner Tourband auswich: "Die finanzielle Kalkulation der Tournee hat mir einfach keine andere Wahl gelassen... Die neue Band besteht nur aus Liliputanern, sie teilen sich ein Zimmer, sie wollen kein Geld für ihre Arbeit. Sie leiden alle unter Verfolgungswahn und wollen, daß ich sie für die Dinge bestrafe, die in ihrem früheren Leben passiert sind..."

Einer der ersten, den Waits um Hilfe gebeten hatte, um Frank Leroux zum Leben zu erwecken, war der Regisseur und Drehbuchautor Jim Jarmusch. Waits hatte vorgehabt, gemeinsam mit Jarmusch ein Drehbuch für "Franks Wild Years" zu schreiben, aber es kam nie dazu. Stattdessen wurde Waits von Jarmusch für dessen zweiten großen Kinofilm, "Down By Law", engagiert, den ihm der Filmemacher als eine Art "Neo-Beat-Noir-Komödie" schmackhaft machte. Nicht nur, daß Tom Waits hier seine bislang größte Rolle erhielt; der Film-Soundtrack enthielt auch seine "Rain Dogs"-Songs "Jockey Full of Bourbon" und "Tango Till They're Sore".

Der Hauptgrund dafür, daß er ein so großes Interesse hatte, den heruntergekommenen Disc-Jockey Zach in Jarmuschs Film zu spielen, sei, so schwor Waits, gewesen, daß er in dieser Rolle endlich einmal ein Haarnetz tragen durfte. Jarmusch, der das Haarnetz als Köder benutzte, äußerte sich in einem Interview mit dem Magazin "Q" über seinen Star: "Tom ist ein sehr widersprüchlicher Mensch insofern, als er schnell gewalttätig wird, wenn er glaubt, daß ihn jemand verarschen will, aber gleichzeitig ist er sanft und freundlich. Es klingt schizophren, aber wenn man ihn erst mal kennt, leuchtet es einem sofort ein. Und er ist ein ausgezeichneter Schauspieler. Ich habe eine Menge von ihm gelernt, und, ja, er verkleidet sich wirklich gern, was gut ist, denn er braucht nur andere Sachen anzuziehen und schon ist er ein ganz anderer Mensch."

"Down By Law" hatte allerdings schwerwiegende Mängel. Jarmusch verließ sich zu sehr darauf, daß seine Figuren selber einen Ausweg aus ihrer Situation fanden, und ließ die Kamera endlos auf ihnen verweilen, in der Hoffnung, daß irgendetwas passierte. Folglich gab es in den Beziehungen der Figuren keine rechte Entwicklung, was dem Film eine unangenehme Trägheit verlieh. Waits bot zwar in der Rolle des Zach eine denkwürdige Leistung, aber der Film gehörte im Grunde dem italienischen Komiker Roberto Benigni, dessen Kenntnisse der englischen Sprache sich bei Drehbeginn in einem Wort erschöpften: *"Hello!"* – *"Ees a sad anna beautiful world* [Isse eine traurige un schöne Welt]", bekundet Benigni gegenüber Zach, der mit einer Flasche, einer kaputten Leber und einem gebrochenen Herzen kämpft, um von Waits mit der freundlichen Erwiderung *"Buzz off!* [Zisch ab!]" empfangen zu werden. *"Buzza off. Thank you very much. Buzza off. It's a pleasure.* [Zische appe. Vielen Dank. Zische appe. Mit Vergnügen.]"

Der Film beginnt mit ein paar düsteren, monochromen Aufnahmen aus New Orleans und einem Tom Waits, dem von Ellen Barkin so übel mitgespielt wird, daß ihm Hören und Sehen vergeht. Die Figur, die Waits spielt, hätte aus einem seiner eigenen Songs stammen können – entwurzelt und ziellos, den Hut schräg auf dem Kopf, während er hinauszieht, um seinen Kampf gegen die Windmühlenflügel auszufechten.

Am Anfang träumt Zach noch davon, seinen Job als Radio-DJ zurückzubekommen, denn obwohl all seine Versuche, sich Ellen Barkin verständlich zu machen, gescheitert sind, ist er eigenartigerweise davon überzeugt, daß eine

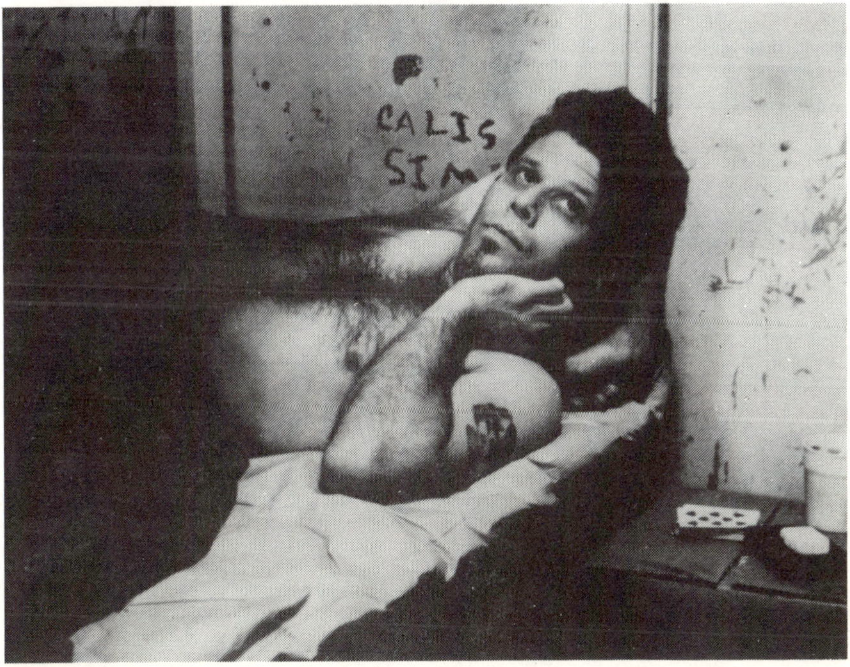

In *Down By Law*, 1986

Kommunikation mit ihr möglich sein wird, wenn er nur erst wieder seine Sendung hat. Aber jeder Zuschauer weiß natürlich, daß er diese Chance nie bekommen wird, daß er vielmehr dazu verurteilt ist, sein weiteres Leben als *Hörer* zu verbringen und den Straßenbahnen zu lauschen, die durch die milde Pfefferminzlikörnacht dahinrumpeln, auf ihrem Weg zum *Desire Boulevard*.

Zachs Niedergang beginnt, als er gebeten wird, ein Auto vom einen Ende der Stadt zum anderen zu chauffieren. Da sitzt er nun leicht verrenkt hinter dem Steuer, fährt lässig dahin und singt mit brüchiger Stimme Roy Orbisons "Crying" mit, als er von einer Polizeistreife an den Straßenrand gewunken wird. Und im Kofferraum finden die Cops statt des üblichen Reservereifens und Wagenhebers eine noch warme Leiche.

Kaum ist Waits im Gefängnis gelandet, macht der Film auch schon schlapp, und selbst nachdem Waits, Benigni und Lounge-Lizards-Saxophonist John Lurie in die Sümpfe entkommen sind, entwickelt sich zwischen den dreien nie eine dynamische Beziehung. Filme mit entflohenen Kettensträflingen hatten sich bei Paul Muni, Paul Newman und selbst Woody Allen in kompetenteren Händen befunden, und mit kumpelhaften Männerfreundschaften waren Jack Nicholson und Mickey Rourke besser klargekommen. Der Orkan, der "Down By Law" hatte sein sollen, war bloß ein Sturm im Wasserglas. Aber zweifellos hatte Waits gut daran getan, einmal ein Haarnetz zu tragen.

Im Jahr 1987 hatte sich die Waits-Familie bereits wieder in Los Angeles niedergelassen: "Für das, was ich in New York für einen Parkplatz zahlen mußte, habe ich mir in Los Angeles ein Apartment gekauft." Und so schickte Waits nun, *back in L.A.*, seine Live-Band durch eine knochenharte 16-Stunden-pro-Tag-proben-Mühle, an deren Ende er mit ihr auf eine Promotiontour für "Franks Wild Years" ging. Leider hatte er in den siebziger Jahren zu viele bittere Erfahrungen gemacht – auf Konzertreisen, auf denen er das undankbare Vorprogramm hatte bestreiten müssen, und auf strapaziösen Tourneen als Headliner –, als daß ihm auch nur ein Rest von Spaß am Leben *on the road* geblieben wäre: "Ich konnte nicht mal mehr über 'Spinal Tap' [Filmsatire von Rob Reiner über den Tourneealltag einer Heavy-Metal-Band; Anm. d. Übers.] lachen – es war mir zu realistisch. In dem Film steckt jede Tour drin, die ich selber irgendwann gemacht habe. Ich hab' nicht *einmal* gelacht. Ich hab' ganz offen geheult!"

Für die "Frank"-Tour hatte sich Waits eine Bühnendekoration einfallen lassen, die an die "Used Carlotta"-Szenerie erinnerte, die er vor vielen Jahren entworfen hatte. Es war eine Art Trödelmarkt, der aussah, als sei er das Zuhause der Obdachlosen aus dem Viertel. Gelegentlich machte Waits einen Abstecher zu einem Kühlschrank, der unübersehbar auf der rechten Bühnenseite stand und auch wirklich funktionierte. Obgleich Kühlschränke nicht zur Grundausstattung von Rockkonzerten gehörten, blieb Tom Waits dem nützlichen Möbel treu und verzichtete dafür lieber auf Trockeneis. Außerdem hatte er eine Band rekrutiert, die sich in musikalischer Hinsicht ebensoviel Zielwasser einverleibt hatte wie ein Pogues-Publikum in der *St. Patrick's Night* [Nacht vor dem irischen Nationalfeiertag, 17. März; Anm d. Übers.] von *seiner* Flüssignahrung und in der vor allem Perkussionist Michael Blair, Gitarrist Marc Ribot und Tastenmeister Willie Schwarz brillierten.

Der Großteil der Songs stammte aus "Swordfishtrombones", "Rain Dogs" und "Franks Wild Years"; allerdings brachte Waits seinem Publikum auch unvergeßliche Versionen von "Tom Traubert's Blues" und "Christmas Card From A Hooker In Minneapolis" zu Gehör. Die Auftritte von 1987 bezeugten eindrucksvoll, wie weit Waits inzwischen herumgekommen war, wieviel er gelernt hatte und wie glänzend er es verstand, seine Erfahrungen in Songs umzusetzen.

Trotz dieser Stimme, die manch einen zu Tode erschrecken mochte, klang Waits, wenn er sich hinsetzte und sein trauriges Lied von der Weihnachtskarte sang, die er bekommen hatte, absolut glaubwürdig. Wenn er das Leben der Gestalten beschrieb, die er geschaffen hatte, zeigte sich, daß seine scheinbar unflexible Stimme zu ungewöhnlich subtilen Nuancierungen fähig war. Den Fehler, den er zu Beginn seiner Karriere gemacht hatte, indem er *selber* zu jenen Figuren wurde, die er sich ausgedacht hatte, beging er heute nicht mehr; stattdessen zeigte er die Sympathie und Zärtlichkeit, die er für seine Charaktere empfand. Wie ein Wissenschaftler im Labor seiner Phantasie, so schaute Waits zu, wie seine Geschöpfe über die Bühne trippelten. Die Welt in diesen Songs war ebenso fremdartig und rätselhaft wie altvertraut und nostalgisch. Angetrieben von donnernder Perkussion und durchsetzt von schillernden Sitar- und Akkordeontönen, waren Waits' Songs wie Waisen, die endlich ein Zuhause gefunden haben, und da ist Waits, der sie mit offenen Armen begrüßt.

Und dann war da noch der Humor – seit jeher ein fester Bestandteil jeder Tom-Waits-Show. Waits hatte nie Angst davor gehabt, sich auf der Bühne lächerlich zu machen; er wollte nicht als Performer geliebt werden, die Liebe des Publikums sollte seinen Figuren gelten. Routinefloskeln wie "Toll, wieder hier zu sein in Ihrer wunderschönen Stadt!" waren nicht seine Sache. Mehr noch als der paradoxe Anblick, den er bot, wenn er, in einen Smoking gezwängt, sein Bestes gab, um wie Sinatra zu croonen, reizte es das Publikum zum Lachen, daß Tom Waits – ausgerechnet er! – ihm weismachen wollte, daß er, wäre seine Stimme nicht so früh zur Hölle gefahren, heute wie Frank Sinatra singen könnte. Jeder wußte, daß fünfzehn Jahre Ausschweifungen dafür gesorgt hatten, daß es nur ein Traum war, dem er hinterherjagte.

Wie kein zweiter legte sich Waits ins Zeug, um die Möglichkeiten, die sich einem Live-Performer boten, bis an die Grenzen auszuschöpfen; einen Bryan Ferry, der durch ein Polizei-Megaphon sang, konnte man sich nur schwer vorstellen. Ebensowenig glaubhaft war jedoch, daß sich Tom Waits dem Publikum näher fühlen sollte als seiner eigenen Familie – auch wenn man seinen Spaß daran hatte, wie er seine Zuhörer scheinbar ins Vertrauen zog, wenn er mit schüchterner Miene bekannte, daß die Frage, die ihm am häufigsten gestellt würde, lautete: "Kann ich schwanger werden ohne Geschlechtsverkehr?"

Waits' Ruf eilte ihm auf seinen Reisen rund um die Erde voraus, und wo immer er hinkam, traf er auf Charaktere, die geradewegs einem seiner Songs entsprungen zu sein schienen. "Eines Abends traf ich einen Burschen", berichtete er dem Journalisten Chris Roberts, "der mit ausgestreckter Hand auf mich zukam. Ich sagte 'Oh nein', und er: 'He, hör mal, es ist nicht so, wie du denkst, ich will kein Geld von dir, ich will nur dein Freund sein, mein Name ist Charlie, und wie heißt du?' Ich sagte: 'Mein Name ist Tom.' Er sagte: 'Wie geht's denn so, Tom? Mehr wollte ich gar nicht von dir, mach's gut!' Dann lief er einmal um den Block und den ganzen Weg wieder zurück, sah mich um die Ecke kommen und sagte: 'He, Tom, kennst du noch deinen alten Kumpel Charlie? Kannst du mir ein paar Dollar leihen?' Das hat mir einen echten Kick gegeben."

Waits hatte es vielleicht nicht bis ganz an die Spitze geschafft; schließlich war es für ihn schon eine lange und verschlungene Reise gewesen bis zu diesem Punkt irgendwo auf halber Höhe des zweifelhaften Erfolgsgipfels. Aber auch wenn man noch keine Straße nach ihm benannt hatte, so war sein Einfluß doch allenthalben spürbar; zu denen, die sich bis heute dazu bekannt haben, gehören Elvis Costello, Nick Cave, Tanita Tikaram, The Pogues, die Rainbirds, Bruce Springsteen, R.E.M., Robin Williams, Nanci Griffith, John Stewart, Keith Richards (auf dem Cover seines Solo-Debüts dankte *Keef* für Waits' "spirituelle Ermutigung") und U2. The Edge gestand: "Ich liebe Tom Waits. Ich finde, er ist das größte Talent der letzten zehn Jahre, wenn es darum geht, sich mit dem wahren Amerika zu befassen."

Elvis Costello erzählte dem Autor: "Ich habe Waits immer bewundert. Wir wohnten früher in L.A. immer im selben Motel, in dem auch er wohnte. Eine flüchtige Bekanntschaft – er lief immer mal wieder mit einer Lebensmitteltüte an uns vorbei." Des weiteren erklärte Elvis, Waits habe ganz oben auf seiner Wunschliste gestanden, als er im Jahr 1987 für seine *Wheel Of Fortune*-Tour mit den Attractions einen Conférencier suchte: "Die ganze Idee mit dem Glücksrad kam daher, daß ich ein sehr umfangreiches Repertoire habe, und man kann nie alle Forderungen des Publikums erfüllen, selbst wenn man dreieinhalb Stunden spielt... Also dachte ich mir: Wie komme ich aus dieser Klemme raus? Ich werde dieses Rad aufstellen, dann liegt es nicht an mir, sondern ist eine Frage des Glücks... Für die Rolle des Conférenciers Napoleon Dynamite hatte ich an verschiedene Leute gedacht. Im Verlauf der Tour hatten wir zum Beispiel die italienische Sam Fox, Roberto Benigni – er kam rauf und übersetzte alles, was ich sagte, so, daß purer Unsinn herauskam. Ich sagte zum Beispiel: 'Ich möchte, daß jemand raufkommt und das Rad dreht', und er übersetzte: 'Er ißt lieber Schnee als Eiskrem.'"

"Wir fingen mit den *Wheel*-Shows in L.A. an, und ich bat Waits, zu uns zu kommen und mit mir zusammen die Moderation zu machen. Er war umwerfend, er prägte eine Menge der Ausdrücke, die am Ende in der Show auftauchten. Wir hatten einen Scheinwerfer, der hin und her leuchtete, und er hechelte vorn am Bühnenrand rum und pickte sich dieses geile Mädchen im Publikum raus: 'Ich wußte, daß du irgendwo da draußen sein würdest, Baby!' Und dann fing er mit einer Geschichte darüber an, daß sie 'ne Tänzerin wäre, die er aus Vegas kennen würde."

Eine weitere Zusammenarbeit von Waits und Costello war für das phantasievolle "NME"-Projekt "Sgt. Pepper Knew My Father" von 1988 geplant, für das zeitgenössische Musiker wie Billy Bragg, Sonic Youth und sogar The Fall sämtliche Titel des klassischen "Sgt. Pepper"-Albums der Beatles in der gleichen Reihenfolge wie auf dem Original neu interpretierten. Tom und Elvis waren begeistert gewesen von der Aussicht, zusammen eine akustische Version des dramatischen Höhepunkts der Platte, "A Day In The Life", zu erarbeiten, aber leider ließen sich ihre Termine nicht in Einklang bringen, und so fiel der Song schließlich The Fall zu. Dafür fanden Elemente von Waits' Cut-Up-Technik ihren Weg auf Costellos vielgerühmtes Album "Spike" von 1988, auf dem auch Marc Ribot und Michael Blair aus der Waits-Band mitspielten.

Die einzige Möglichkeit für Waits, auf die "Live Aid"-Bühne zu kommen, wäre vermutlich gewesen, wenn er sich angeboten hätte, sie mit einem Besen zu fegen; dafür gehörte er im September 1987 zu den ersten, die von *Musical Director* T-Bone Burnett gebeten wurden, an einem Konzert zu Ehren von Roy Orbison im "Coconut Grove" in Hollywood teilzunehmen. An der Seite von Bruce Springsteen, Elvis Costello, Jackson Browne, James Burton, k.d. Lang, Jennifer Warnes und nicht zuletzt Orbison selbst trat Waits auf die Bühne, um *The Big O* seinen Tribut zu zollen. (Immerhin hatte Waits einst spaßeshalber behauptet, er sei Orbisons Babysitter gewesen.) Im Publikum bestaunten unter anderem Leonard Cohen, Billy Idol, Dennis Quaid, Harry Dean Stanton und Richard Thompson den All-Star-Zirkus, der Orbisons meistgeliebte Songs zum Besten gab. Als das Konzert-Video herauskam, konnte man sehen, wie Gitarrist James Burton Waits einen ungläubigen Blick zuwarf, als dieser in "Ooby Dooby" ein hingestolpertes "Solo" in die Tasten hämmerte.

Roy Orbisons Tod mit 52 Jahren am 6. Dezember 1988 kam nicht nur auf tragische Weise verfrüht, sondern entbehrte auch nicht einer bitteren Ironie, was seinen Zeitpunkt betraf. Nach langen Jahren im Abseits hatte Orbison als Mitglied der All-Star-Band The Traveling Wilburys sein Comeback eingeleitet, und gleichzeitig wartete ein starkes neues Soloalbum mit Gastauftritten von U2 und Elvis Costello auf seine Veröffentlichung. Der Nachruf auf Orbison, der im "Rolling Stone" erschien, enthielt auch eine bewegende Hommage von Tom Waits: "Roy Orbisons Songs handelten nicht so sehr von Träumen, sie waren selber wie Träume, wie Arien. Er war ein Geist, der aus dem Radio kam. Seine Songs werden durch seinen Tod nichts von ihrer Wirkung verlieren, denn er war ein Rockabilly-Rigoletto, so bedeutend wie Caruso mit Sonnenbrille und schwarzer Lederjacke. Roys Songs klangen immer, als versuchten sie, dich aus weiter Ferne zu erreichen. Wenn du ein Mädchen in dich verliebt machen wolltest, brauchtest du Rosen, das Riesenrad und Roy Orbison. Seine Songs werden für alle Zeiten mit uns sein."

Tom Waits war nie jemand, der sich absichtlich mit den "richtigen" Leuten umgab. Als er seine Karriere als professioneller Musiker begann, waren Star-Sessions und Gastauftritte geradezu Pflicht: Joni und "Willy", Stephen und Judy, James und Carole, Jackson und Linda – es war, als wäre eine kalifornische Agentur zur Vermittlung musikalischer Rendezvous übergeschnappt, aber nicht etwa wegen Waits. 1974 gestand er: "Von Zeit zu Zeit trinke ich ziemlich und spiel' auch mal 'ne anständige Runde Billard, und mein liebster Zeitvertreib ist ein Dienstagabend im 'Manhattan Club' in Tijuana. Ich wohne jetzt im Silver-Lake-Bezirk von Los Angeles und bin ein überzeugter *Angeleno* und habe absolut nicht die Absicht, in eine Hütte in Colorado zu ziehen. Ich mag Smog, Verkehr, ausgeflippte Leute, Autopannen, lärmende Nachbarn, überfüllte Bars und verbringe den größten Teil meiner Zeit in meinem Auto auf dem Weg ins Kino."

Tom Waits als Jugendverderber – auch das war eine Rolle, die ihm großen Spaß machte, und mit Vergnügen zitierte er einen Brief, den er einmal von einem Jungen aus dem Mittelwesten erhalten hatte, der von der Schule suspendiert worden war, weil er ein Tom-Waits-Album mit in den Unterricht gebracht hatte.

Waits hatte seinen eigenen Rollencharakter weitgehend selbst geschaffen. Er hatte aus sich die verlorene Gestalt in Edward Hoppers Gemälde "Nighthawks" gemacht, die lästige Fliege auf dem Gesicht des sich immer pompöser gebärdenden Rock-Popanz, den Wortschmied, der sich an der Sprache berauschte. Er war der Ungezähmte, der über die Torheiten der Menschheit lachte, der einen mitten ins Herz traf mit einer Ballade, die er aus den Abgründen seiner Seele heraufgeholt hatte, und der einem mit seinen wüsten Bonmots ein schiefes Lächeln entlockte. Waits ging unter die Haut und sorgte dort für anhaltendes Jucken. Waits bewies, daß man den Kuchen gleichzeitig essen und ihn für später aufheben konnte. Waits war der gelehrte Idiot, er war der Beat mit dem großen B, er war die empfindsame Seele, die unter die Wölfe gefallen war.

Einige der eindrucksvollsten und anrührendsten Songs der Rockmusik stammen aus Waits' Feder. Wenn es ums Komponieren geht, ist er ein Künstler, der sein Handwerk meisterhaft beherrscht, aber im Gespräch bringt er selten mehr als ausweichende Sätze heraus. Während seiner ganzen Karriere hat sich Waits über das umstrittene Thema des kreativen Prozesses immer wieder auf anschauliche und unterhaltsame Weise geäußert, aber tieferbohrende Fragen nach den Techniken des Songschreibens wehrt er stets mit undurchdringlichem Pokerface ab.

Als sich Barney Hoskyns bei ihm erkundigte, wie es denn sei, wenn er sich hinsetze, um zu schreiben, antwortete Waits: "Was ich normalerweise mache, ist: Ich schreibe zwei Songs und stecke sie zusammen in ein Zimmer, und dann kriegen sie Kinder. Ich muß mit zweien anfangen. Ich schreibe nicht das ganze Jahr über, ich schreibe immer nur eine Zeitlang, und dann bin ich erledigt. Ich würde gern ständig schreiben können, aber... plötzlich fällt es einem schwer, und dann sagt man sich, ich werde mal einige Zeit aussetzen. Für mich ist es oft so, als ob ich an einen Ort zurückkehre, an dem ich schon häufig gewesen bin, aber die Jahreszeit ist eine andere, und der Eingang ist mit Wein zugewachsen... Und man kommt dorthin zurück und sagt sich: Also, nun stehe ich wieder genau da, wo ich früher schon gestanden habe, aber wieso komme ich heute nicht rein? Und dann merkt man, daß alles zugewachsen ist und schlägt sich durch, und plötzlich sieht man den kleinen Pfad und ist auf dem richtigen Weg..."

"Und wenn die Zeit fürs Schreiben vorbei ist? Oh, ich bewirte Gäste, ich bin Mitglied der Unteren Handelskammer, ich mache Busfahrten durch New York, ich repariere Lampen, ich spiele Golf. Nee, wenn ich Golfer wäre... – ich glaube, ich würde mir 'ne dunkle Brille aufsetzen und 'nen Regenmantel anziehen und mich heimlich hinschleichen und nachts spielen!"

Waits glaubt fest an die Fähigkeit populärer Songs, ein Eigenleben zu führen, so daß sich etwa "Waltzing Matilda" als Refrain nahtlos in "Tom Traubert's Blues" einfügen läßt. Sein großer Respekt vor und seine Liebe zu den Gründervätern der populären Musik Amerikas – Stephen Foster, Cole Porter, Hoagy Carmichael, die Gershwins und andere – ist bekannt, und ihren Einfluß kann man einem Großteil seines Frühwerks anhören. Waits hatte wiederholt seine Fähigkeit unter Beweis gestellt, innerhalb eines vorgegebenen Rahmens zu arbeiten, aber nun hatte er mit Hilfe der Songs für "Swordfishtrombones" sein ganz persönliches Karambolagerennen inszeniert – auf diesem Album war jeder Song gezwungen, sich selber einen Platz zu erkämpfen.

"Jeder Song ist etwas Besonderes", gestand Waits in einem Gespräch mit Ann Scanlon. "Sie sind wie Vögel, die man fliegen läßt – manche von ihnen werden schon am ersten Tag vom Himmel geschossen, manche kehren zurück, und manche überqueren das ganze Land. Man weiß nicht immer, was passieren wird – wer sie singen wird, wer sie hören wird. Ich glaube noch immer, daß Geschichten und Witze ein Eigenleben führen, und ich stelle mir Songs gern im Sinne von Mythen vor – man bringt irgendwas raus und hofft, daß es in der Lage ist, über die Business-Maschinerie hinauszukommen."

Daß Waits immer zu einem Scherz aufgelegt scheint, wenn er über seine Arbeit spricht, kann über die Sorgfalt und die Inspiration, mit der er sein Handwerk betreibt, nicht hinwegtäuschen: "Meine Musik hat was von Tabasco – man kann's zu Fisch, Wildgeflügel oder Huhn verwenden. Ich hör' mir die Sachen eigentlich nur dann an, wenn ich sie fertig habe, danach schick' ich sie raus auf die Straße. Wie Hühner. Manche kommen zurück und bleiben bei einem, manche verschwinden. Es ist so ähnlich wie ein Schiffswrack, wo all diese Dinge im Wasser treiben."

Bei der Arbeit an seinem ausgezeichneten Buch "*Written In My Soul*", das viele tiefschürfende Interviews mit Autoren von Rocksongs enthält, traf Bill Flanagan auf einen nachdenklichen Tom Waits, der einiges von sich preisgab. Zwischen den üblichen Aperçus und rätselhaften Metaphern läßt Waits erkennen, daß er auf seine Fähigkeiten stolz ist, doch auch seine Grenzen kennt: "Wenn man Songs schreibt, hat man das eigene Leben wie ein Aquarium vor sich. Manche Dinge schwimmen und manche Dinge nicht. Manche bleiben über Wasser, und manche gehen unter. Manche sehen besser aus und manche schlechter. Das ist immer der Augenblick, in dem ich merke, daß ich schreibe – wenn ich das ganze Zimmer mit Wasser gefüllt habe... Es ist wie der kleine Greifarm auf dem Jahrmarkt: Man versucht, das Radio oder die Uhr zu angeln, aber man kriegt sie nie – sie wiegen zuviel. Am Ende hat man bloß diese kleinen klebrigen Bonbons und ein paar falsche Juwelen erwischt..."

"Mit Songs ist es so ähnlich wie mit Hüten. Mit diesem hier seh' ich gut aus – morgen vielleicht schon nicht mehr. Aber jetzt im Moment hab' ich ein paar Drinks intus und fühl' mich gut mit dem Hut. Das Plattenmachen dauert immer so lang, daß es einen wahnsinnig macht. Der ganze Prozeß macht mir Spaß, bis wir zum Schluß kommen und es heißt: 'Also, Tom, das hier werden wir noch in Ordnung bringen müssen.' Ich hasse das. Bis dahin ist es so, als ob man probt, aber das Ende kann ich nicht ausstehen: 'Wie hättest du gern deine Nase, Tom? Wir brechen sie und setzen sie neu zusammen, und deine Wange rücken wir ein Stück weiter rüber. Die Unterlippe muß natürlich verschwinden. Du wirst nur ein Kinn und Zähne haben; wir finden schon einen Weg, sie irgendwo zu befestigen. Und jetzt rasieren wir dir mal den Kopf, und an den Arm kriegst du von oben bis unten lauter Uhren, und dann schicken wir dich für ein paar Abende nach Passaic und lassen dich photographieren. Wie gefällt dir das, Tom?' - 'Naja, ähem, ich weiß nicht...' Und dann pumpen sie dich mit Drogen voll und stecken dich in ein Auto und..."

"Manchen Songs muß man eins über den Schädel geben, sie nach Hause schleifen, pellen, kochen und essen. Jeder Song hat eine bestimmte Lebenserwartung. Manche Songs spielt man nur einmal, und das war's... Es gibt einen Song, 'Time', den ich sogar gar nicht mehr spielen kann. Dieses eine Mal hat er funktioniert, und ich hab's nicht geschafft, ihn nochmal so hinzukriegen... Jeder Versuch, diesen Moment neu zu erschaffen, ist so, als ob man Bilder von seiner Familie herumzeigt. Die Bilder geben nie das wieder, was wirklich passiert ist: 'Hier, das bin ich mit Mrs. Chalmer. Chalmer würde ihnen gefallen, hier ist er mit Evelyn. Und das hier ist Elwood! Sie können Elwood nicht ganz sehen, weil er hinter Ruby steht. Und hier ist Howard. Naja, Sie hätten dabei sein müssen.'"

Die Enttäuschung über das Musikbusiness, die Waits Ende der siebziger Jahre empfunden hatte, war zum Teil verscheucht worden durch die begeisterte Aufnahme, auf die "Swordfishtrombones", "Rain Dogs" und "Franks Wild Years" gestoßen waren; aber auch Waits' Verwandlung in Tom, den Schauspieler, hatte das Ihre dazu beigetragen.

Waits ist einer der wenigen "Rockstars", der den Sprung auf die Kinoleinwand geschafft hat, ohne von den Kritikern mit Hohn und Spott überschüttet zu werden. Gibt es vielleicht irgendwo im Kleingedruckten von Plattenverträgen einen Paragraphen, der vorschreibt, daß, wer singt, auch schauspielern muß? War es etwa Erpressung, die dazu führte, daß Mick Jagger die Titelrolle in "Ned Kelly" übernahm? Stand David Bowie unter Todesandrohung, als er sich durch "Merry Christmas, Mr. Lawrence" kämpfte? War Roger Daltrey bei vollem Bewußtsein, als er das Drehbuch zu "Lisztomania" las? Sah Bob Dylan nicht, daß auf dem Skript von "Hearts Of Fire" in riesigen Lettern "Flop" stand?

Vielleicht war es auch der üble Einfluß der Promo-Videos, der aus Popstars Schmierenkomödianten machte. Man klaute ein paar Bilder aus irgendeinem Hollywoodklassiker, nebelte die Szenerie mit Unmengen von Trockeneis ein und brachte den Sänger dazu, düster in die Kamera zu stieren; das Ergebnis taugte dann vielleicht, um drei MTV-Minuten zu füllen, aber ein neues *"A Streetcar Named Desire* [Endstation Sehnsucht]" war es nicht.

Wenn Waits auch bislang nicht die Cineastengipfel erklommen hatte, auf denen Kris Kristofferson oder Bette Midler standen, so konnte er doch auf einige bemerkenswerte Szenen verweisen. Sein verstümmelter Auftritt in "Cotton Club" hatte Eindruck gemacht, und aus dem "Down By Law"-Sumpf hatte er sich mit Würde herausgezogen.

Aber nun winkte von fern die ganz große Chance, die wahre *Big Time*, denn Regisseur Hector Babenco war dabei, die Rollen für den Nachfolger seines oscarprämiierten *"Kiss Of The Spider Woman* [Der Kuß der Spinnenfrau]" zu besetzen. Zwei vielversprechende Nachwuchsdarsteller namens Jack und Meryl hatte er bereits verpflichtet, doch was Babenco und sein Drehbuchautor William Kennedy jetzt suchten, war ein Mime, der einen überzeugenden Penner abgeben würde, einen gestörten Charakter namens *Rudy the Kraut*...

SIEBEN

Dennis Hopper und Harry Dean Stanton hatten für die Rolle des Rudy in "Ironweed" bereits Probeaufnahmen gemacht, aber der Autor William Kennedy hatte seine eigenen Vorstellungen. Waits kannte den Schriftsteller von den Dreharbeiten zu "Cotton Club"; Kennedy war einer von vielen Autoren gewesen, die engagiert worden waren, um den Film aufzumöbeln, und er war am Ende derjenige gewesen, der sich mit Coppola die Urheberrechte an der endgültigen Drehbuchfassung teilte.

"Ich bin ihm auf einer Dinnerparty in San Francisco über den Weg gelaufen", erinnerte sich Waits in einem Interview mit Ann Scanlon. "Er sagte zu mir: '*Boy*, du solltest Rudy spielen', und ich sagte: 'Tja, verdammt, ich weiß nicht recht – die stellen sich wahrscheinlich einen der ganz Großen für die Rolle vor, irgendjemand mit Erfahrung, und ich bin nun mal sehr unkonventionell...' Ich ging nach New York, traf Nicholson und probierte die Rolle mit ihm. Aus meiner Jackentasche guckten ein Toastbrot und eine alte Zahnbürste, ich war unrasiert und mein Haar war total durcheinander, und ich glaube, dem Regisseur und allen anderen gefiel es ziemlich gut. Als der Film fertig war, schenkten sie mir sogar die Sachen, die ich in der Rolle getragen hatte – so kam ich auch noch zu einem neuen Anzug!"

Waits hatte es geschafft – er war vom Katzentisch in die Runde der Erwachsenen aufgerückt, und sein Name stand neben dem der mehrfachen Oscar-Preisträger Jack Nicholson und Meryl Streep im Unterhaltungsfilm eines großen Studios. Die Dreharbeiten begannen im Februar 1987. Entscheidend für das Gelingen des Films sollte Waits' Beziehung zu der Nicholson-Figur sein, und er wußte, daß, falls er versagte, seine relative Unerfahrenheit neben so ausgekochten Profis wie Carroll Baker und Fred Gwynne besonders auffallen würde.

Der Roman von William Kennedy, für den der Autor im Jahr 1983 den Pulitzer-Preis bekommen hatte, war der Schlußteil seiner "Albany"-Trilogie. Kennedy pries Waits und die Art, wie er seinen Rudy zum Leben erweckt hatte, in den höchsten Tönen: "Rudy ist 'ne Art verlorener Seele, ein Ausgeflippter, der seinen Verstand in Whiskey und Wein ertränkt hat, und Tom war ideal für die Rolle. Von der Art, wie er seinen Hut trägt, bis zu der Art, wie er dasitzt, spielt er diesen übergeschnappten, verrückten Penner einfach phantastisch. Er probierte die Rolle im Beisein von Jack Nicholson, und jedem fiel sofort auf, was für eine tolle Chemie zwischen den beiden herrschte. Tom ist ein Naturtalent – ein umwerfender Schauspieler."

Regisseur Hector Babenco hatte 1985 mit seinem "Kuß der Spinnenfrau" einen Überraschungserfolg gelandet – der Film, der dem Schauspieler William Hurt seinen ersten Oscar eintrug. Nachdem er auf der Suche nach einem würdigen Nachfolger unzählige Exposés und Drehbücher gewälzt hatte, entschied sich Babenco schließlich für Kennedys Roman als Stoff für sein erstes Hollywood-Projekt.

Kennedys Geschichte über Ausgestoßene und Aussteiger in der Zeit der Großen Depression besaß auf dem Papier eine Kraft, die sich leider nicht auf die Leinwand übertrug. Nicholson und Streep, die ihre Rollen als heruntergekommene Stadtstreicher hemmungslos ausspielten, schien es allein um die Zurschaustellung ihrer schauspielerischen Vielseitigkeit zu gehen, und mit der Abspannzeile "Kostüme für Miß Streep" erhielt Alba Censoplano zweifellos eines der überflüssigsten *credits* der gesamten Kinogeschichte.

Im Mittelpunkt des Films steht Nicholson, der sein Leben lang nicht darüber hinweggekommen ist, daß er in betrunkenem Zustand den Tod seines kleinen Sohnes verschuldet hat – die Tragödie, die seinen sozialen Abstieg zum Hobo ausgelöst hat. Der Partner, der ihn auf dem Weg durch die Asyle der Armenviertel begleitet, ist Rudy, den Waits mit großer Vitalität spielt. Er ist es, der in diesen 135 Minuten bleischwer lastenden Trübsinns für die ersehnten Momente der Entspannung sorgt. Obwohl Rudy an Krebs stirbt, fragt man sich ständig, wer wohl zuerst das Zeitliche segnen wird, er oder sein Paar Schuhe.

Trotz des konsequent realistischen Bildes, das der Film von der Stadt Albany des Jahres 1938 entwirft, trotz Nicholsons bitter überzeugender Darstellung seines Francis Phelan und trotz Regisseur Babencos getreuer Umsetzung von Kennedys Drehbuch: "Ironweed" wirkt merkwürdig blutarm.

Sicher, es gibt ein paar eindrucksvolle Augenblicke: Der nächtliche Überfall auf das Lager der Hobos ist von Babenco perfekt gefilmt, und die Szenen, in denen der einen wahrlich jammervollen Anblick bietende Nicholson alle Anstrengungen unternimmt, um wieder in den Schoß seiner ihm entfremdeten Familie aufgenommen zu werden, sind bewegend. Letztendlich passiert jedoch zu wenig in diesen zweieinviertel Stunden, und der Zuschauer bestaunt eher die Authentizität der Kleidung von Nicholson und Streep, als daß er sich um das Schicksal ihrer Filmfiguren sorgt.

Aber welche Schwächen der Film als Ganzes auch haben mochte, Tom Waits war brillant und erwies sich dem Star-Tandem Jack'n'Meryl als Schauspieler ebenbürtig. Er verlieh seinem Rudy eine Würde, die die Figur über die Ebene einer Karikatur hinaushob. In Mimik und Tonfall hatte Waits seinen Charakter perfekt getroffen, und bis heute ist dies sein überzeugendster Auftritt in einem Film geblieben; bedauerlich war nur, daß man ihm für seine Darstellungskunst keinen würdigeren Rahmen zur Verfügung gestellt hatte.

Auch Jack Nicholson zeigte sich von seinem Co-Star beeindruckt und erklärte: "Bei den Proben sah Tom Waits aus, als würde er jeden Moment in der Mitte durchbrechen oder als würde sein Kopf von den Schultern runter auf den Boden fallen. Ich hab' mal in einer Kleinstadt einen Idioten gesehen, der durch den Park lief, total betrunken, aber in der Hand hielt er ein Eis. Er torkelte, aber gleichzeitig konzentrierte er sich voll darauf, daß ihm sein Eis nicht runterfiel. Ich hatte das Gefühl, daß Tom ihm nicht ganz unähnlich war."

Waits äußerte sich, wie nicht anders zu erwarten, etwas elliptischer über seinen Kollegen: "Jack ist wirklich in Ordnung, er ist sehr praktisch, hat sehr viel Ahnung. In der einen Minute ist er wie ein Industriekapitän, in der nächsten redet er wie ein Hobo auf dem Güterzug... Er kann aus 'ner Konservendose essen, aber er geht auch gern zu Hundeschauen... Meryl Streep? Mysteriös und

Mit Meryl Streep (links) und Jack Nicholson in *Ironweed*

unglaublich. Zwischen den beiden gab's eine tolle Chemie, weil er mehr für Unordnung steht und sie mehr für Disziplin, und daraus ensteht eine etwas altmodische Beziehung."

Von einem kaum vielversprechend zu nennenden Filmdebüt in Roger Cormans B-Picture "The Cry Baby Killer" von 1958 hatte sich Nicholson in die Spitzengruppe der amerikanischen Schauspieler hochgearbeitet, und nach vier Oscar-Nominierungen hatte er schließlich den kleinen Goldkerl für seine unvergeßliche Darstellung in "Einer flog übers Kuckucksnest" von 1975 mit nach Hause nehmen können. Gegenüber Bill Forman schwärmte Waits von seinem Co-Star: "Nicholson ist ein großer amerikanischer Geschichtenerzähler. Wenn er eine Geschichte erzählt, ist er wie jemand, der ein Solo spielt, er hängt sich voll rein, versteh'n Sie? Sehr spontan, denkt mit dem Bauch. Ich erinnere mich, wie er sagte: 'Mit drei Dingen kenne ich mich aus: mit Schönheitssalons, mit Filmen und mit Rangierbahnhöfen.'"

Das Handwerk des Schauspielers war etwas, das Waits, wie er meinte, erst langsam und durch praktische Beobachtung lernen mußte: "Ich glaube, große Schauspieler arbeiten genau wie Autoren, in dem Sinne, daß man eine Figur aus verschiedenen Sachen, die man kennt, zusammensetzt: der hinkende Gang von jemandem, das falsche Gebiß deiner Großmutter, die Körperhaltung deines Schwagers und der Dialekt deines Konfirmationslehrers."

Waits hatte wenig Hoffnung, daß sein eigener Beitrag zum Leben, zur Musik oder zum Kino mit Preisen bedacht werden würde. Während er weiter darauf wartete, von der *Academy of Motion Picture Arts And Sciences* geadelt zu werden, gab er dem "Playboy" zu Protokoll: "Ich bin nicht scharf auf Preise. Sie sind bloß ein Haufen Schlagzeilen, die man dir an die Brust heftet, wie Bob Dylan gesagt hat. Ich hab' in meinem Leben nur einen einzigen Preis bekommen, vom 'Club Tenco' in Italien. Die haben mir eine Gitarre gegeben, die aus Tigeraugen gemacht war. Der 'Club Tenco' wurde als Alternative zum großen San-Remo-Festival geschaffen, das dort jedes Jahr stattfindet. Er soll an den Tod eines großen Sängers erinnern, dessen Name Tenco war und der sich eine Kugel ins Herz schoß, weil er beim San-Remo-Festival verloren hatte. Eine Zeitlang war es unter Sängern in Italien eine beliebte Übung, sich ins Herz zu schießen. Tja, das ist mein Preis!"

Nachdem der Name Tom Waits in Filmen bislang meist unter "Ferner" genannt worden war, stand er nun, Anfang 1988, *vor* dem Titel. Endlich, mit beinahe vierzig Jahren, war Waits auf dem Weg zum großen Erfolg – die *Big Time* winkte. Der Plan, "Franks Wild Years" zu verfilmen, war zwar inzwischen fallengelassen worden, aber Waits und seine Frau waren nun doppelt entschlossen, wenigstens etwas von der folgenden Tournee für die Nachwelt zu retten.

Gefragt, wie er "Showbusiness" definiere, hatte Groucho Marx in seiner Erinnerung gekramt: "Wir traten mal in einer kleinen Stadt in Ohio auf, und da kam ein Mann an die Kasse und sagte: 'Bevor ich eine Karte kaufe, möchte ich eines wissen: Ist es traurig oder zum Totlachen?' Das ist es für mich: traurig oder zum Totlachen."

"Big Time" war sowohl traurig als auch zum Totlachen, aber weder der Film noch das Soundtrack-Album konnte das gesamte Spektrum der Live-Show vermitteln. Nun sind Live-Alben berüchtigt dafür, daß sie von etablierten Musikern als Lückenbüßer genutzt werden: The Who etwa, gelähmt durch ihren Triumph mit "Tommy", überbrückten ihr kreatives Tief 1970 mit "Live At Leeds", einem, wie sich überraschend zeigte, hervorragenden Album; Bob Dylan hingegen, dessen Karriere von Zeit zu Zeit fast zum Erliegen zu kommen scheint, brachte bis heute lediglich eine Reihe zunehmend glanzloser Live-Sets heraus; und Bruce Springsteen, vielleicht der Rock-Performer mit dem umfangreichsten Katalog an Live-Bootlegs, machte Mitte der achtziger Jahre nicht mal den leisesten Versuch, an den Erfolg von "Born In The USA" anzuknüpfen, sondern veröffentlichte lieber gleich fünf Alben mit Live-Material.

Angesichts seines Rufs als unnachahmlicher Live-Performer hatte sich Tom Waits mit der Veröffentlichung von "Nighthawks At The Diner" keinen Gefallen getan; nun hatte er mit "Big Time" eine zweite Chance, seine Live-Qualitäten auf Platte zu dokumentieren. Aber auch dieser Versuch schlug fehl. "Big Time" bot fast ausschließlich sein bekanntes Achtziger-Jahre-Material und fügte den vorhandenen Studioversionen nichts Neues hinzu. Der einzige bislang unbekannte Song war das düstere countryfizierte "Falling Down", in dem Waits wie der Erweckungsprediger aus einem John-Ford-Film wirkte, der seine Gemeinde am Flußufer um sich versammelt hat.

Ein anderer Song, "Strange Weather", den Tom Waits zusammen mit seiner Frau Kathleen geschrieben hatte, wurde 1987 von Marianne Faithfull als Titelstück für ihr neuestes Comeback-Album ausgewählt. Der Produzent der LP war Hal Willner, der 1985 schon "Lost In The Stars", ein *Tribute Album* mit Songs von Kurt Weill, produziert hatte und 1988 für die weithin gerühmte Disney-Hommage "Stay Awake" verantwortlich zeichnete, zwei Platten, die auch jeweils einen Beitrag von Tom Waits enthielten. Marianne Faithfull stand wie Waits bei Island unter Vertrag, und ursprünglich war geplant gewesen, daß er gemeinsam mit ihr an ihrem neuen Album arbeiten sollte. Waits selbst hatte bereits vorgeschlagen, daß alle Songs einen Bezug zu Storyville, dem Rotlichtbezirk von New Orleans und Wiege des Jazz, haben sollten; aber wie so viele andere, so kam auch das Storyville-Projekt nicht zustande.

Als richtiger Filmstar hatte Waits natürlich ein eigenes Bild von seiner Person, dem die Realität des fertigen Films nicht gerecht wurde. "Mir fallen bestimmte Sachen an mir und an der Show auf, die ich nicht mag. Ich habe zum Beispiel immer gedacht, ich wäre größer; ich habe gedacht, ich sähe aus wie Robert Goulet oder Sean Connery. Es war ein echter Schock, diesen alten Burschen zu sehen, wie er schwitzt und sich krümmt und sich ständig am Kopf kratzt. Es war ein harter Abend." Doch nach und nach gewöhnte sich Waits an den Anblick, den er als Star seines eigenen Films bot, und langsam kehrte sein Selbstvertrauen zurück: "Jetzt wird mir klar, warum sie dachten, daß ich der Einzige bin, der James Bond ersetzen kann."

Später behauptete Waits außerdem, der Film sei für 100 Dollar und an einem einzigen Tag gedreht worden, und alle Szenen mit Faye Dunaway habe man herausgeschnitten. "'Big Time' ist eine Art Action-Abenteuer-Film. Ein Typ in Chicago sagte, Klavierlehrer würden einen Schock kriegen, und ein anderer sagte, der Film sähe aus, als wäre er im Bauch eines sehr kranken Tieres gedreht worden..."

Filmmitschnitte von Rockkonzerten sind bekanntermaßen unzuverlässige Geschöpfe. Die Welttournee der Rolling Stones von 1981 war die profitabelste gewesen, die bis dahin unternommen worden war, aber der auf dieser Tour entstandene Film "Let's Spend The Night Together" erlitt kommerziellen Schiffbruch; selbst "Rattle And Hum" von U2 lockte nur einen winzigen Prozentsatz all jener Fans ins Kino, die das Album massenweise gekauft hatten. Natürlich gibt es Ausnahmen von dieser Regel wie etwa "Stop Making Sense" von den Talking Heads und "Sign O' The Times" von Prince, und diesen läßt sich, trotz all seiner Schwächen, Tom Waits' "Big Time" hinzufügen.

Waits und Regisseur Chris Blum vermieden alle klassischen Konzertfilm-Klischees und betraten mit "Big Time" Neuland. Das Publikum wurde nie gezeigt, stattdessen klebte die Kamera an allen "Tom Waitses", die auf der Bühne erschienen: der feilschende Platzanweiser im Theater ("Woll'n Sie 'ne Uhr haben?"), der verlogene, ach so ehrliche Crooner ("Ihnen fühl' ich mich näher als meiner ganzen Familie!") und schließlich Frank, wie er "Innocent When You Dream" sang, in einer Dusche auf einem Dach hoch über Los Angeles – mit Sicherheit eine Kino-Premiere...

Der Frank, der hier auftritt, ist ein Verlierer, für den der große Erfolg, die *Big Time,* immer nur ein Wunschtraum bleiben wird – eine Gestalt wie der Bursche aus dem Witz, dessen Job es ist, sich jeden Abend im Zirkus von einem Elefanten verschlucken und ausfurzen zu lassen. Weil er befürchtet, daß ihn die Prozedur auf die Dauer krank machen könnte, geht er zum Arzt und bekommt tatsächlich zu hören, daß er den Job seiner Gesundheit zuliebe aufgeben sollte. Worauf er voller Entrüstung antwortet: "Was?! Das Showbusiness aufgeben?"

Als Frank der Crooner ist Waits am überzeugendsten – ein Schnurrbart so dünn wie ein Bleistiftstrich, und er ist ein waschechter *Sleaze King,* einer von jener Sorte, die für den winzigsten Steuernachlaß ihre halbe Familie versteigern würde. Und der weiße Smoking ist das visuelle Kürzel für einen schmierigen, egozentrischen Showbiz-Typ von der Sorte, die beim Autogrammgeben "Mit aufrichtigen guten Wünschen für meinen teuren Freund..." hinschreibt, um dann zu fragen: "Wie war nochmal Ihr Name?"

Waits zu beobachten, der während des gesamten Films im Mittelpunkt steht, ist faszinierend. In "Way Down In The Hole" spuckt er die Zeilen aus wie ein Prediger, der uns mit Schaum vor dem Mund Höllenfeuer und ewige Verdammnis androht. Und wenn er in "Straight To The Top" Bilder von einem alptraumhaften Las Vegas heraufbeschwört, legt er die ganze Falschheit und Heuchelei dieser Unterhaltungsindustrie bloß, so als wollte er uns den Gedanken nahebringen: Falls der Spruch *"There's no people like show people"* zutrifft, dann gnade uns Gott!

Das Megaphon wie einen Taktstock schwingend, kommandiert Waits seine Truppen: Tastenmann Willie Schwarz sieht mit seinem Fez aus, als wolle er sich um eine Schurkenrolle in "Lawrence von Arabien" bewerben, und Ralph Carney schickt heisere Saxophontöne in die oberen Ränge. Doch immer ist es Waits, der die Blicke fesselt. Im Schein einer nackten Glühbirne wirkt er älter als seine 39 Jahre; aber andererseits hat er ja schon immer so ausgesehen, als würde er nur gerade mal eine Pause einlegen auf dem Weg ins Altersheim.

Gelegentlich sind seine Bewegungen so schwerfällig wie die mutierte Mazurka im Mittelteil von "Rain Dogs", dann wieder springt er so flink über die Bühne wie ein Stroboskop. Einmal klingt er wie eine auslaufende alte Schellackplatte, ein anderes Mal trifft er seine Zuhörer mit einer ergreifenden Version von "Johnsburg, Illinois" mitten ins Herz.

Es gibt viel zu bewundern und viel zu genießen in diesem Film. Bei der Live-Version von "Hang On St. Christopher" mußte ich an einen früheren Waits-Ausspruch über einige Kollegen des heiligen Christopherus denken: "Sankt Moritz, der Schutzpatron der Nachtportiers in den Hotels, und Susan St. James und das St.-James-Spital. Und 'The Saint' [TV-Serie; Anm. d. Übers.] – Roger Moore, klar..."

Sobald Waits jedoch von der Bühne an einen anderen Schauplatz wechselt, fällt "Big Time" auseinander. Wenn er unter einem brennenden Regenschirm "9th & Hennepin" singt, so ist das zweifellos ein eindrucksvolles Bild, aber es legt auch den Verdacht nahe, daß Waits hier selber ein Opfer jener Seuche geworden ist, an der Videoclip-Regisseure leiden, wenn sie ein einprägsames Image entwerfen, es in der Isolation eines sterilen Studios in Bilder umsetzen und damit letztendlich *nichts* ausdrücken. Der Autor hätte sich jedenfalls für "Big Time" unkonventionellere Bilder gewünscht, zumal Waits unbestreitbar ein gutes Auge für visuelle Absurditäten besitzt, wie nicht zuletzt seine grausigen Sonnenbrillenszenen beweisen. Selbst wenn man die zahllosen guten Einfälle berücksichtigte, ließ "Big Time" also Wünsche offen. Und was hatte es mit dem geheimnisvollen Abspanntitel "*featuring Gertz the Monkey*" auf sich?

Angesichts seiner nunmehr fünfzehn Jahre andauernden Karriere und seiner Erfahrung aus Hunderten von Live-Auftritten hätte Tom Waits es eigentlich schaffen müssen, in einem Konzertfilm das zu vermitteln, was James Grant von der schottischen Gruppe Love And Money im Sinn hatte, als er bemerkte, in ein Waits-Konzert zu gehen, sei ungefähr so, "als würde man eine Pantomime, einen Horrorfilm und ein Konzert sehen, und alles an ein und demselben Abend". "Big Time" löste dieses Versprechen leider nicht voll ein.

Waits erkannte die Schwächen seines Films selbst. Kurz nachdem "Big Time" in den Kinos angelaufen war, erklärte er dem Journalisten John Wilde: "Es ist nur ein Konzertfilm... Es ist mit Sicherheit kein Spielfilm... Für mich sieht er aus wie ein alter Ladenbesitzer, der irgendwelche Kids anschreit, daß sie sich von seinem Laden wegscheren sollen... Es ist schwer, alles, was in einem bestimmten Augenblick passiert, einzufangen und zu konservieren. Man will das Vieh ja nicht killen, während man es zu fangen versucht. Außerdem würde man gern in dem Moment, in dem etwas fertig ist, nochmal zurückgehen und bestimmte Sachen ändern. Wie zum Beispiel, wenn ich sehe, wie mir die Unterwäsche hinten aus der Hose guckt."

Auch wenn man "Big Time", das Album und den Film, unberücksichtigt ließ, war 1988 für Tom Waits ein betriebsames Jahr. Sein Beitrag zu "Stay Awake – Various Interpretations of Music from Vintage Disney Films" wurde als einer der Höhepunkte des Albums gepriesen. Auf der Platte wirkte auch Waits' damalige Lieblingsband The Replacements mit ("Sie stehen auf Verzerrung – ihre Konzerte sind wie Insektenrituale.") sowie Buster Poindexter alias David Johansen von den New York Dolls, dessen Buster-Figur mehr als nur eine Kleinigkeit dem Waits-Image verdankte.

Zu den übrigen Mitwirkenden auf "Stay Awake" gehörten Ringo Starr, Sinéad O'Connor, James Taylor, Michael Stipe von R.E.M. und Natalie Merchant von 10.000 Maniacs; aber es war die von Waits gegen den Strich gebürstete Version von "Heigh Ho", dem Marschlied der Zwerge aus "Schneewittchen", auf die immer wieder besonders hingewiesen wurde.

Projektleiter Hal Willner sah Waits' Interpretation als "Protestsong": "Ich glaube, Tom fand, daß die Zwerge eigentlich gar keine Lust haben, zur Arbeit zu gehen, und seine Version brachte das zum Ausdruck." In der Tat fiel es schwer, das fröhliche Bild der munter zur Arbeit marschierenden *Happy-go-lucky*-Zwerge aus dem Disney-Film mit der sinistren Waits-Version, die eher an eine Kolonne von Kettensträflingen erinnerte, in Einklang zu bringen.

Auch in anderer Hinsicht schwamm Waits gegen den Strom. Wiederholt ließ er seiner Verachtung für Rockstars, die sich der Industrie für Werbekampagnen zur Verfügung stellten, freien Lauf: "Ich habe nur Haß für diejenigen, die sowas machen", erklärte er gegenüber Ted Mico. "Ich hab' schon für alles mögliche Werbeverträge angeboten bekommen, von Unterwäsche – blitzableitend! – bis zu Zigaretten. Ich hab' sie alle abgelehnt. Die drehen dich doch in Nullkommanichts durch den Fleischwolf! Viele Leute gehen ja nach Japan, um dort Werbung zu machen, so als ob man in die Wüste scheißen kann und keiner wird's mitkriegen! Die Grenzen sind gezogen, und das ist auch nötig, weil die Werbung auf neue Gegenkulturen sofort reagiert. Sie drücken deiner gesamten Arbeit ihren Stempel auf. Ich hab' vor, absolut unabhängig zu bleiben und nicht auf *Maggie's Farm* arbeiten zu müssen, aber es gibt Leute, die es besser wissen sollten, als sich in ein Geschäft einzukaufen, in dem solche Arschlöcher wie Bob Hope sitzen. Warum willst du diese Sorte Geld? Es ist Geld, das dich zum Sperma macht, mit dem das Ei der Industrie befruchtet wird!"

In den achtziger Jahren hatten Sponsorfirmen begonnen, eine immer größere Rolle in der Rockmusik zu spielen, und bekannte Stars wie George Michael, The Police, David Bowie, Tina Turner, Madonna und Michael Jackson hatten ihren Namen, ihr Gesicht und ihre Musik als Werbeträger für Markenprodukte hergegeben. Die Begründung, die sie zu ihrer Rechtfertigung anführten, lautete, daß sich durch Sponsorverträge hohe Tourneekosten senken und die Preise für Eintrittskarten niedrig halten ließen, und daß sie somit ihren Fans zugute kamen. Was wirklich geschah, war, daß sich die Fans von ihren selbstgeschaffenen Idolen verraten fühlten, weil diese nun offenbar bereit waren, auch den letzten Rest von Unabhängigkeit und Würde auf dem Altar des Mammon zu opfern.

Allerdings scheint es eher unwahrscheinlich, daß Pepsi oder Coca Cola irgendwann an die Tür von Tom Waits klopfen und sich gegenseitig überbieten werden bei dem Versuch, sich seine Dienste beim Absatz ihrer Produkte zu sichern. Nicht, daß nicht schon seltsamere Dinge passiert wären; wer hätte etwa gedacht, daß der Punk-Poet John Cooper Clarke eines Tages im britischen Kinderfernsehen für die Vorzüge einer bestimmten Müsli-Marke werben würde! Doch in einer Zeit, da die Werbebranche immer mehr dazu überging, die Popgeschichte zu plündern, standen alles und jeder zur Disposition.

Im Jahr 1977 war Waits etwas verstimmt gewesen, als er erfahren hatte, daß der Hund aus der "Muppet Show" mehr als nur eine leichte Ähnlichkeit mit seiner eigenen Person aufwies; was ihn jedoch 1988 wirklich in Rage versetzte, war eine Reihe von Radio-Werbespots der Firma *Salsa Rio Doritos Corn Chips*, in denen eine Figur auftauchte, die sich in jeder Bar als Tom Waits hätte vorstellen können. Waits reagierte mit einer Zwei-Millionen-Dollar-Klage, in der er geltend machte, die Firma habe "unrechtmäßig und ohne Erlaubnis" seinen "Gesangsstil" und seine "Präsentationsweise" verwendet. Da die Mühlen der amerikanischen Justiz jedoch äußerst langsam mahlen, können bis zu einem Urteilsspruch noch Jahre vergehen.

"Big Time" war Waits' viertes Album für Island, und zum 25. Geburtstag des Labels im Jahr 1988 schickte er an Labelchef Chris Blackwell ein Tonband mit einer Grußbotschaft, in der er seine Freude darüber zum Ausdruck brachte, daß Blackwell seine Zwergenringertruppe aufgegeben habe und ins Showgeschäft eingestiegen sei! Tatsächlich hatte Waits allen Grund, der Firma dankbar zu sein. Island hatte ihn in den vergangenen Jahren nach Kräften ermutigt und unterstützt und 1987 sogar eine halbstündige Video-Compilation veröffentlicht, in der sich Waits über Uhren und Konfetti ausließ und über die Frage, wo sich Friseure die Haare schneiden lassen.

Während des Interviews, das im Fond einer Limousine stattfand, schikanierte er Wayne, den Chauffeur, und kraulte einem elend aussehenden Pudel namens Mario den Kopf. Nebenbei machte er im Interview Punkte. "Fünf Worte, um sich selbst zu beschreiben?" – "Nie links abbiegen!" – "Lieblingsland?" – "New Orleans." – "Zukunftspläne?" – "Ich leb' fürs Abenteuer und um die Klagelieder der Frauen zu hören."

Waits, der sich kaum Zeit zum Luftholen nahm, beendete das Jahr mit zwei weiteren Filmauftritten. "Candy Mountain" war ein abendfüllender Kinostreifen von Robert Frank, dem Regisseur der selten zu sehenden Rolling-Stones-Dokumentation "Cocksucker Blues". Frank war ein renommierter Fotograf der Beat-Ära und hatte auch das Foto für die Rückseite des "Rain Dogs"-Covers aufgenommen; außerdem war er für die Coverphotos von Waits' liebstem Rolling-Stones-Album "Exile On Main Street" verantwortlich gewesen. Die Story für "Candy Mountain" stammte von Rudy Wurlitzer, der schon das Drehbuch für Sam Peckinpahs elegischen Western "Pat Garrett jagt Billy The Kid" geschrieben hatte. In dem neuen Film spielte Waits einen reichen Musikbusiness-Mogul mit dicker Zigarre, einem Haus in New Jersey und einer Vorliebe für Golf. Ursprünglich hätte Waits' Rolle größer sein sollen, aber die Dreharbeiten zu "Ironweed" hatten länger gedauert als geplant, und so blieb schließlich von seiner Rolle in "Candy Mountain" wenig mehr als ein Gastauftritt.

In Robert Dornheims "Cold Feet" war Waits ein Profi-Killer aus Florida, der im edlen Zwirn an der Seite von Keith Carradine und Rip Torn auftrat. Während sie in Bizbee, Arizona, darauf warteten, daß die letzte Klappe zu einer Schmuggelszene an der mexikanischen Grenze fiel, hatte Waits reichlich Zeit, mit Keith Carradine zu fachsimpeln, dessen Song "I'm Easy" aus Robert Altmans denkwürdigem Film "Nashville" von 1975 in jenem Jahr den Oscar für den *Best Original Song* erhalten hatte.

Während der Dreharbeiten zu seinem zwölften Film gestattete Waits dem Journalisten Mark Goodman einen Einblick in seine Auffassung von der Arbeit eines Schauspielers: "Filme werden in so kleinen Abschnitten gedreht, daß man sich sehr gründlich vorbereiten muß, um in der Rolle zu bleiben, um jederzeit weiterspielen zu können; man kann zwischendurch nicht herumsitzen und im Fernsehen die Nachrichten sehen. Es ist wie ein großes Orchester, und man ist einer der Musiker; und da es sich um ein Regisseursmedium handelt, ist er natürlich der Leiter, derjenige, dem man vertrauen muß. Man verläßt eigentlich nie den Ort des Geschehens, so wie man es bei einem Bühnenauftritt macht."

Waits und Carradine kamen während der Dreharbeiten gut miteinander klar. Zwischen den Aufnahmen unterhielt Carradine Schauspieler und Techniker mit Theater-Anekdoten wie dieser: "Ein zehntklassiger Schauspieler tritt im 'Hamlet' auf, und er ist dermaßen schlecht, daß das Publikum, als er zu dem großen Monolog kommt, buht und ihn mit faulem Gemüse bewirft. Schließlich, mitten in seinem Monolog, bricht er ab, wendet sich zum Saal und sagt: 'He, hör'n Sie mal, ich hab' diesen Scheiß doch nicht geschrieben!'"

Anfang 1989 gab Waits in Los Angeles sein eigentliches Theaterdebüt in einem neuen Stück mit dem Titel "Demon Wine". An der Seite von Carol Kane und Bud Cort (der exzentrische Jüngling mit dem Baby-Gesicht aus der schwarzen Kult-Komödie "Harold And Maude" von 1971) heimste Waits eine Reihe freundlicher Kritiken ein.

Zwei Jahre waren seit dem letzten Studioalbum mit neuem Tom-Waits-Material vergangen. "Franks Wild Years" hatte das Ende einer Ära markiert, die vier Jahre gedauert hatte, doch die Frage, wohin ihn sein Weg als Songschreiber in Zukunft führen wird, ist bis heute unbeantwortet geblieben.

Seit bald zwei Jahrzehnten verfolgt Tom Waits nun schon seinen eigenen Kurs, und in dieser Zeit hat er nicht nur Einbahnstraßen und Sackgassen vermieden, sondern sich erfolgreich jedem fremden Versuch widersetzt, in eine Schublade eingeordnet zu werden. Bis heute hat er elf Alben mit Originalmaterial produziert, die sich gegen erschöpfende Analysen sperren und als Dokumente eines einzigartigen Talents beeindrucken. In seinen Anfängen meilenweit entfernt vom zuckrigen Softrock der frühen Siebziger, hat er einen Weg eingeschlagen, der ihn in die heruntergekommenen Stadtviertel und in die unbeleuchteten Seitenstraßen geführt hat. Zwischen bitteren Milieuschilderungen und heiteren Ausflügen auf den Schwingen seiner überschäumenden Phantasie pendelnd, hört Tom Waits nur auf seine eigene Muse.

Zu Waits' besten Songs gehören seine Hymnen für die Besitzlosen, Zeugnisse für alle, die in einer gleichgültigen Gesellschaft um ihr Überleben kämpfen müssen, Songs für jene, die ihr Leben auf der Straße fristen, *on the nickel*. Sollte, wie zu vermuten ist, Michael Douglas' Wall-Street-Ekel Gordon Gekko mit seinem Beharren auf dem Grundsatz "Gier ist gut" zu *dem* bleibenden Symbol des Thatcherismus und Reagonomics werden, sind die Songs von Tom Waits sicher nicht das schlechteste Gegenmittel für dessen verlogene, doch leider allgegenwärtige Maxime.

Die Figuren, die Waits in seinen Songs beschreibt, sind Underdogs, glücklos und gestrandet in einer Welt, in der nichts heil ist. Es gab eine Zeit, da Waits in Gefahr schien, zum Opfer seines eigenen Mythos zu werden, aber diese Phase hat er hinter sich. Heute betrachtet er die Welt nicht länger über den Rand einer Flasche *Bushmills*, heute ist er der fürsorgliche Vater zweier Kinder, der seinen Witz und seine Weisheit weitergibt und sich mit dem Problem herumschlägt, das so alt wie die Menschheit selbst ist, wie er seinen Nachwuchs in einer Welt aufziehen soll, die außer Kontrolle geraten ist. Heute geht es ihm nicht mehr darum, eine Erklärung für alle Ungerechtigkeiten zu finden, heute geht es ihm darum, ihnen standzuhalten.

Manchen alten Anhängern des Waits-Images der siebziger Jahre fällt es schwer, sich mit dem bescheidenen Familienvater anzufreunden, der seine häuslichen Freuden genießt und zufriedener ist, wenn er Windeln wechselt, als wenn er einer weiteren Flasche Tequila den Garaus macht. Als die Pogues vor einem Auftritt in Dublin hörten, daß sich Waits und seine Familie in der Stadt befanden, machten sie sich freudig auf eine Neuauflage ihrer Chicagoer Begegnung von 1986 gefaßt. Kurz vor Mitternacht verließen sie die Bühne und fuhren in Erwartung einer bacchantischen Wiedersehensfeier zurück ins Hotel, nur um zu erfahren, daß sich Waits schon vor Stunden zu Bett begeben hatte.

Aber die Songs von Waits wirken weiter. Mitte 1989, während der letzten Arbeiten an diesem Buch, sah der Autor im Fernsehen einen BBC-Bericht über eine Gruppe von Vietnam-Veteranen, die zwanzig Jahre, nachdem sie dort in der Armee gedient hatten, nach Vietnam zurückgekehrt waren. Ihre Reise führte sie nach Ho-Chi-Minh-Stadt, dem früheren Saigon, und nach Hanoi; dort trafen sie auf die jüngsten Opfer der flächendeckenden Bombardements der Amerikaner, auf Kleinkinder, die Jahre nach dem Ende des Krieges geboren worden waren und unter den fürchterlichen Spätfolgen des Entlaubungsmittels Agent Orange litten. Die geläuterten Veteranen fuhren in ihr Hotel zurück, wo man später einige von ihnen beobachten konnte, wie sie in einer Band, die sich spontan zusammengefunden hatte, eine grobschlächtige Version von Waits' "(Looking For) The Heart Of Saturday Night" improvisierten. Es lag etwas Ergreifendes in der Art, wie sie *"the magic of the melancholy tear in your eye"* sangen, eine Zeile aus einem Song, den Waits fünfzehn Jahre früher geschrieben hatte und der nun in einer Hotelbar im Herzen von Vietnam ein neues Echo fand.

Und die Zukunft? "Auf den letzten paar Alben gab's mehr optische Täuschungen. Sie waren weniger linear, weniger konventionell. Ich habe mit einigen Methoden versucht, die Kanten abzuschleifen. Die Songs waren weniger eindeutig. Ich wollte sehen, wie es ist, wenn sie einen Nervenzusammenbruch haben... An die Vergangenheit versuche ich mit dem Hammer ranzugehen. Halt' ihr bloß nicht den Spiegel vor! Gib ihr eins mit dem Hammer! Hör auf mich!"

Und wer hätte geahnt, mit welcher Musik sich Tom Waits in jüngster Zeit beschäftigt? Eines seiner Lieblingsalben der letzten Jahre ist offensichtlich eine ethnographische Dokumentaraufnahme: "'*The Romiyiana Monkey Chant*'... Da war ein Bursche, der ging in den Dschungel und traf dort eine Gruppe Eingeborener bei einem Ritual an. Sie saßen in konzentrischen Kreisen auf dem Boden und machten das, was heute Millionen unter dem Namen *Romiyiana Monkey Chant* [Romiyiana-Affengesang] bekannt ist, wo sie daran erinnern, daß ihr Stamm mal von Affen gerettet worden ist... Wie es heißt, sind diese Affen von den Bäumen runtergekommen und haben einen angreifenden Stamm getötet. '*Romiyiana*' – fragen Sie nach dem Namen! Lassen Sie sich nicht mit was anderem abspeisen!"

Gegen Ende des Frühjahrs 1989 verbrachte Waits zusammen mit dem Theatermann Robert Wilson einen Monat in Hamburg, wo er die Musik zu Wilsons Stück "Black Rider" schrieb – eine Variation des "Freischütz" oder, wie Waits es nannte, "eine Cowboy-Oper". "Es wird sieben Hauptdarsteller geben", verriet Waits. "Alle anderen werden Lanzen tragen. Es ist alles ein bißchen verdreht."

Waits' Kollaboration mit Wilson brachte ihn auch mit dem 75-jährigen Beat-Guru William S. Burroughs zusammen. Burroughs war derjenige, der den Begriff "Heavy Metal" geprägt hatte und dessen Büchern die Gruppen Steely Dan und Soft Machine ihre Namen entlehnt hatten; er war auf dem "Sgt. Pepper"-Cover abgebildet gewesen, und David Bowie hatte alles von ihm gelernt, was er für seine eigene Arbeit über die literarische Cut-Up-Technik wissen mußte. Burroughs, ein einflußreicher Autor und Besitzer der umfangreichsten Waffensammlung von New York, hatte 1944 Jack Kerouac kennengelernt und war in der Folgezeit regelmäßig in Kerouacs Büchern aufgetaucht; er war der Old Bull Lee in "*On The Road*", der Frank Carmody in "*The Subterraneans*" [dt.: "Be Bop, Bars und weißes Pulver"], der Bill Hubbard in "*Desolation Angels*" [dt.: "Engel, Kif und neue Länder"].

Wie stellt sich Tom Waits seine fernere Zukunft vor? "Irgendwann werde ich als alter Bursche auf 'ner Veranda sitzen, im Unterhemd, mit 'ner Schrotflinte und 'nem Schirm, und wenn ihr euren Baseball in meinen Vorgarten haut, seht ihr ihn nie wieder... Kansas ist 'ne gute Gegend zum Träumen. Man wacht morgens auf, guckt aus dem Fenster und sieht *nichts*. Man denkt sich alles selber aus." Aber genau das hat Tom Waits während seiner gesamten Karriere ja ohnehin getan.

Eines scheint sicher: Einen Tom Waits, der in einem Hotelpalast in Las Vegas am Piano sitzt und schleimig ins Publikum grinst, werden wir nie erleben: "Hier ist ein altes Stück von mir, an das Sie sich vielleicht erinnern..." Nein. Der Tom

Waits, der uns immer ein trockenes Lachen entlocken oder uns für Augenblicke mit einer sarkastischen Zeile zum Verstummen bringen wird, ist der alte Knurrhals, der in irgendeinem billigen Schuppen zusammengesunken über seinem Piano hängt, in den Tasten wühlt und in unseren Herzen stochert.

Immer wieder wird es eine Stelle auf einem seiner Alben geben, die uns aufhorchen läßt, oder eine wilde, verschlungene Geschichte, mit der er uns in einem Konzert fesselt. Oder den Interviewpartner Tom Waits, der versucht, sich und uns einen Reim auf diese komplizierte Welt zu machen, um ihr vielleicht eine bessere Art von Wahrheit abzugewinnen.

Mit Fingern so schlank und weiß wie die Elfenbeintasten seines Klaviers und mit Augen, die auf irgendeinen fernen Traum fixiert sind, versucht er vielleicht, sich an diese verlorene Unschuld zu erinnern, um sie an seine eigenen Kinder weiterzugeben. "Ein Rat für Ihre Tochter?" wurde er einmal von Kristine McKenna gefragt. Waits' Antwort: "Daß man sich aus etwas heraus- und in etwas hineinträumen kann. Und damit meine ich nicht, daß man sich an einem lausigen Ort befindet und so tut, als wäre man woanders. Ich denke, man kann sich wirklich von einem Ort weg- und an einen anderen, an einen besseren, hinträumen. Man muß nur fest genug träumen, und ich hoffe, daß ich ihr das beibringen kann."

75 Leute, die Tom Waits bei sich zu Hause schlafen lassen würde:

Lord Buckley, Lenny Bruce, Harry Partch, The Pogues, Jack Kerouac, Charles Bukowski, Nelson Algren, Francis Ford Coppola, Howlin' Wolf, The Drifters, Sam & Dave, The Temptations, James Brown, Edward Hopper, Nick Ray, Victor Feldman, Harry Dean Stanton, Jack Nichsolson, Bruce Springsteen, Chuck E. Weiss, Mose Allison, Wally Cox, Harry "The Hipster" Gibson, Symphony Sid, Cole Porter, Nat King Cole, Frank Sinatra, John McCormack, Prince, Roy Orbison, Elvis Costello, Miles Davis, Keith Richards, Agnes Bernelle, George und Ira Gershwin, Jerome Kern, Steve Allen, Harold Arlen, Bud Powell, Charlie Parker, Thelonious Monk, Martin Mull, Willy De Ville, Little Walter, Ray Charles, Wilson Pickett, Cleo Laine, Kurt Weill, die sieben Zwerge, Hanns Eisler, Louis Armstrong, Kathleen, Kelly und Casey.

10 existierende Bücher, die Tom Waits gern lesen würde:

Harold M. Landy: *Wie man den Verkehr mit seinem unfreundlichen Automechaniker vermeidet.* (Ashley Books, 1977)

Anonymus: *Oktogenarische Abstinenzler (mit 113 Portraits).* (National Temperance League, 1897)

Faye Meadows: *Fünfzig neue und kreative Arten, Ihren Pudel zu frisieren.* (ARCO Publishing, 1981)

Philip Richards & John J. Banigan: Wie man ein sinkendes Schiff verläßt. (Cornell Press, 1942)

Anonymus: *Protokolle des Zweiten Internationalen Workshops über Nacktmäuse.* (University of Tokyo, 1978)

Victor R. Small: *Ich kannte 3000 Irre.* (Rich & Cowan, 1935)

Kate Marsden: *Auf Schlitten und Pferderücken zu den verbannten Leprakranken Sibiriens.* (The Record Press, 1892)

William Tebb & Edward Perry Vollum: *Lebendig begraben – und wie man vorbeugen kann.* (Swan Sonnenschein, 1986)

Agneta Lundstrom: *Brotherstellung im Skandinavien des frühen Mittelalters.* (Almquist & Wiksell, 1976)

Robert & Mimi Melnick: *Gullydeckel in Los Angeles.* (Dawsons, 1974)

10 lebende Autor(inn)en, die Tom Waits gern bei sich begrüßen würde:

Ludwig von Baldass [Luwig von Nacktarsch]

Ellsworth Proutyconkle [Ellsworth Stolzeschnauze]

Manfred Lurker [Manfred Strauchdieb]

Professor A. Moron [Prof. A. Idiot]

Curt Redslob [Kurt Rotfettsack]

James Patrick Sex

I.I. Shitts [I.I. Zurscheißen]

Negley King Teeters [Negley König Wippschaukel]

Morten Thing [Morten Monster]

Sabrina Wurmbrand

8 Beleidigungen, an denen Tom Waits seinen Spaß hätte:

"Erzählen Sie mir nichts übers Schreiben, Sie könnten doch nicht mal 'ficken' auf 'ne staubige Jalousie schreiben!"
– *Coral Browne*

"Nun, vielleicht könnte ich ihn in die *Form* dafür bringen..."
– *Tennessee Williams* auf die Bitte, den Penis eines Betrunkenen zu signieren

"Würde ich Suppe mit Buchstabennudeln essen, könnte ich einen besseren Songtext scheißen als diesen hier."
– *Johnny Mercer*

"Er ist ungefähr so nützlich wie ein Einbeiniger bei der Arschtreter-Olympiade."
– *Redewendung aus Liverpool*

"Sie haben van Goghs Ohr für Musik!"
– *Billy Wilder* zu Cliff Osmond

"Mir hat das Stück nicht gefallen, aber ich hab's auch unter ungünstigen Bedingungen gesehen – der Vorhang war auf."
– *Groucho Marx*

"Er würde seine Mutter häuten für eine Trommel, um sich selbst zu Ehren einen Triumphmarsch zu spielen."
– *Margot Asquith* über Winston Churchill

"Er sieht aus wie der Bursche in einem Science-Fiction-Film, der als erster das Monster zu sehen bekommen soll."
– *David Frye* über Präsident Ford

ANHANG

DISCOGRAPHIE

► Soloalben

Closing Time (1973)
LP: Warner/Asylum 53030
CD: Warner/Elektra 5061-2 (U.S.)
1 Ol' 55
2 I Hope That I Don't Fall In Love With You
3 Virginia Avenue
4 Old Shoes (& Picture Postcards)
5 Midnight Lullaby
6 Martha
7 Rosie
8 Lonely
9 Ice Cream Man
10 Little Trip To Heaven (On The Wings Of Your Love)
11 Grapefruit Moon
12 Closing Time

The Heart Of Saturday Night (1974)
LP: Warner/Asylum 53035
CD: Warner/Asylum 960597-2
1 New Coat Of Paint
2 San Diego Serenade
3 Semi Suite
4 Shiver Me Timbers
5 Diamonds On My Windshield
6 (Looking For) The Heart Of Saturday Night
7 Fumblin' With The Blues
8 Please Call Me, Baby
9 Depot, Depot
10 Drunk On The Moon
11 The Ghosts Of Saturday Night (After Hours At Napoleon's Pizza House)

Nighthawks At The Diner (1975)
LP: Warner/Asylum 63002 (Doppel-LP)
CD: Warner/Asylum 2008-2 (U.S.)
1 (Opening Intro)
2 Emotional Weather Report
3 (Intro)
4 On A Foggy Night
5 (Intro)
6 Eggs And Sausage (In A Cadillac With Susan Michelson)
7 (Intro)
8 Better Off Without A Wife
9 Nighthawk Postcards (From Easy Street)
10 (Intro)
11 Warm Beer And Cold Women
12 (Intro)
13 Putnam County
14 Spare Parts I (A Nocturnal Emission)
15 Nobody
16 (Intro)
17 Big Joe And Phantom 309
18 Spare Parts II

Small Change (1976)
LP Warner/Asylum 53050
CD: Warner/Asylum 1078-2 (U.S.)
1 Tom Traubert's Blues (Four Sheets To The Wind In Copenhagen)
2 Step Right Up
3 Jitterbug Boy (Sharing A Curbstone With Chuck E. Weiss, Robert Marchese, Paul Body And The Mug And Artie)
4 I Wish I Was In New Orleans (In The Ninth Ward)
5 The Piano Has Been Drinking (Not Me) (An Evening With Pete King)
6 Invitation To The Blues
7 Pasties And A G-String (At The Two O'Clock Club)
8 Bad Liver And A Broken Heart (In Lowell)
9 The One That Got Away
10 Small Change (Got Rained On With His Own.38)
11 I Can't Wait To Get Off Work (And See My Baby On Montgomery Avenue)

Foreign Affairs (1977)
LP: Warner/Asylum 53068
CD: Warner/Elektra 7559-60618-2 (U.S.)
1 Cinny's Waltz
2 Muriel
3 I Never Talk To Strangers (mit Bette Midler)
4 Medley: Jack & Neal/Califoria, Here I Come
5 A Sight For Sore Eyes
6 Potter's Field
7 Burma Shave
8 Barber Shop
9 Foreign Affair

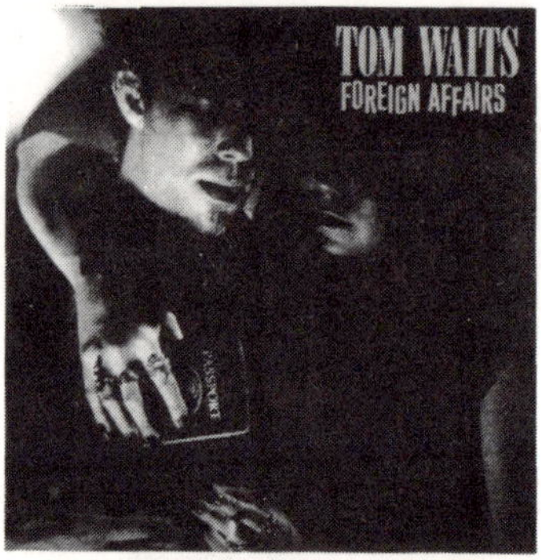

Blue Valentine (1978)
LP: Warner/Asylum 53088
CD Warner/Elektra 7559-60533-2 (U.S.)
1 Somewhere (from "West Side Story")
2 Red Shoes By The Drugstore
3 Christmas Card From A Hooker In Minneapolis
4 Romeo Is Bleeding
5 $29.00
6 Wrong Side Of The Road
7 Whistlin' Past The Graveyard
8 Kentucky Avenue
9 A Sweet Little Bullet From A Pretty Blue Gun
10 Blue Valentines

Heartattack and Vine (1980)
LP: Warner/Asylum 52252
CD: Warner/Elektra 295-2 (U.S.)
1 Heartattack And Vine
2 In Shades
3 Saving All My Love For You
4 Downtown
5 Jersey Girl
6 'Til The Money Runs Out
7 On The Nickel
8 Mr. Siegal
9 Ruby's Arms

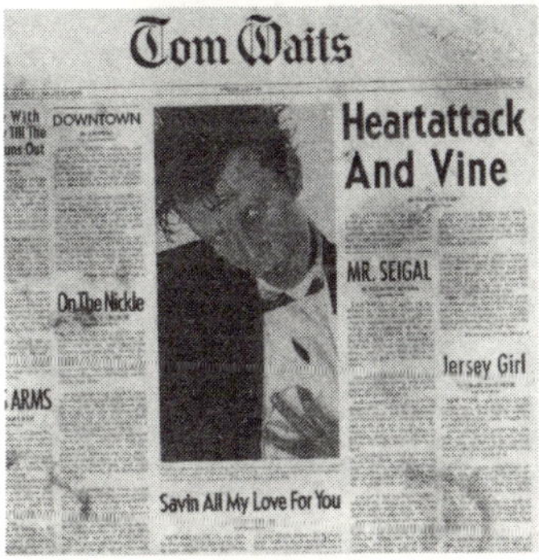

Bounced Checks (Compilation, 1981)
LP: Warner/Asylum 52136
CD: ---
1 Heartattack And Vine
2 Jersey Girl (altern. master)
3 Eggs And Sausage
4 I Never Talk To Strangers
5 The Piano Has Been Drinking (live)
6 Whistlin' Past The Graveyard (altern. master)
7 Mr. Henry (previously unreleased)
8 Diamonds On My Windshield
9 Burma Shave
10 Tom Traubert's Blues

Swordfishtrombones (1983)
LP: Island 205 774
CD: Island 255 774
1 Underground
2 Shore Leave
3 Dave The Butcher (Instrumental)
4 Johnsburg, Illinois
5 16 Shells From A Thirty-Ought-Six
6 Town With No Cheer
7 In The Neighborhood
8 Just Another Sucker On The Vine (Instrumental)
9 Frank's Wild Years
10 Swordfishtrombones
11 Down, Down, Down
12 Soldier's Things
13 Gin Soaked Boy
14 Trouble's Braids
15 Rainbirds (Instrumental)

The Asylum Years (Compilation, 1984)
LP: Warner/Asylum 960 416-1 (Doppel-LP)
CD: Warner/Asylum 960 494-2
1 Ol' 55
2 Martha
3 Rosie
4 Shiver Me Timbers
5 San Diego Serenade
6 Diamonds On My Windshield
7 (Looking For) The Heart Of Saturday Night
8 The Ghosts Of Saturday Night (After Hours At Napoleon's Pizza House)
9 Small Change (Got Rained On With His Own.38)
10 Tom Traubert's Blues
11 Step Right Up
12 Burma Shave
13 Foreign Affair
14 Mr. Henry
15 The Piano Has Been Drinking (Not Me)
16 Potter's Field
17 Kentucky Avenue
18 Somewhere (from "Westside Story")
19 On The Nickel
20 Ruby's Arms

Rain Dogs (1985)
LP: Island 207 085
CD: Island 610 486
1 Singapore
2 Clap Hands
3 Cemetery Polka
4 Jockey Full Of Bourbon
5 Tango Till They're Sore
6 Big Black Mariah
7 Diamonds & Gold
8 Hang Down Your Head
9 Time
10 Rain Dogs
11 Midtown (Instrumental)
12 9th & Hennepin
13 Gun Street Girl
14 Union Square
15 Blind Love
16 Walking Spanish
17 Downtown Train
18 Bride Of Rain Dog (Instrumental)
19 Anywhere I Lay May Head

Anthology (Compilation, 1985)
LP: Warner/Asylum 960321
1 Ol' 55
2 Diamonds On My Windshield
3 (Looking For) The Heart Of Saturday Night
4 I Hope That I Don't Fall In Love With You
5 Martha
6 Tom Traubert's Blues
7 The Piano Has Been Drinking (Not Me)
8 I Never Talk To Strangers
9 Somewhere
10 Burma Shave
11 Jersey Girl
12 San Diego Serenade
13 A Sight For Sore Eyes

Franks Wild Years (1987)
LP: Island 208 216
CD: Island 258 216
1 Hang On St. Christopher
2 Straight To The Top (Rhumba)
3 Blow Wind Blow
4 Temptation
5 Innocent When You Dream (Barroom)
6 I'll Be Gone
7 Yesterday Is Here
8 Please Wake Me Up
9 Franks Theme
10 More Than Rain
11 Way Down In The Hole
12 Straight To The Top (Vegas)
13 I'll Take New York
14 Telephone Call From Istanbul
15 Cold Cold Ground
16 Train Song
17 Innocent When You Dream (78)

Big Time (1988)
LP: Island 209 363
CD: Island 259 363
1 16 Shells From A Thirty-Ought-Six
2 Red Shoes
3 Underground (nur auf CD)
4 Cold Cold Ground
5 Straight To The Top (nur auf CD)
6 Yesterday Is Here (nur auf CD)
7 Way Down In The Hole
8 Falling Down
9 Strange Weather
10 Big Black Mariah
11 Rain Dogs
12 Train Song
13 Johnsburg, Illinois (nur auf CD)
14 Ruby's Arms (nur auf CD)
15 Telephone Call From Istanbul
16 Clap Hands (nur auf CD)
17 Gun Street Girl
18 Time

► Soundtracks und Compilations zusammen mit anderen Künstlern

One From The Heart (Soundtrack, 1982)
LP: CBS 70215, vergr.
CD: Sony/Columbia CK 37703 (U.S.)
CBS 4676092 (GB)

1 Opening Montage: Tom's Piano Intro / Once Upon A Town (mit Crystal Gayle) / The Wages Of Love (mit Crystal Gayle)
2 Is There Any Way Out Of This Dream? (Crystal Gayle solo)
3 Picking Up After You (mit Crystal Gayle)
4 Old Boyfriends (Crystal Gayle solo)
5 Broken Bicycles
6 I Beg Your Pardon
7 Little Boy Blue
8 Instrumental Montage: The Tango / Circus Girl
9 You Can't Unring A Bell
10 This One's From The Heart (mit Crystal Gayle)
11 Take Me Home (Crystal Gayle solo)
12 Presents (Instrumental)

Lost In The Stars – Music Of Kurt Weill (1985)
LP: A&M 395 104-1
CD: A&M 395 104-2
T.W.: What Keeps Mankind Alive

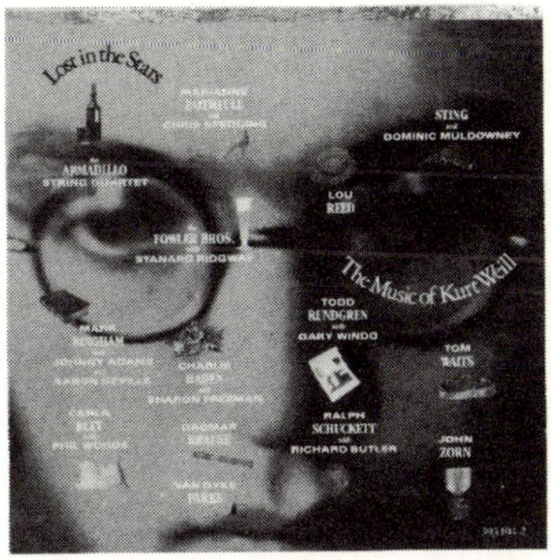

Stay Awake – Various Interpretations Of Music From Vintage Disney Films (1988)
LP: A&M 393 918-1
CD: A&M 393 918-2
T.W.: Heigh Ho (The Dwarfs' Marching Song)

Sea Of Love (Soundtrack, 1989)
LP: Phonogram/Mercury 842 170-1
CD: Phonogram/Mercury 842 170-2
T.W.: Sea Of Love (Version)

Red, Hot & Blue – A Tribute To Cole Porter (1990)
LP: Chrysalis 321 799-1
CD: Chrysalis 321 799-2
T.W.: It's Alright With Me

► Singles

Somewhere / Red Shoes By The Drugstore
GB: Asylum K 12347 (1979)

In The Neigborhood / Franks Wild Years
GB: Island IS 141 (1983)

Downtown Train / Tango Till They're Sore
GB: Island IS 253 (1985)

Downtown Train / Tango Till They're Sore / Jockey Full Of Bourbon
GB: Island IS 235 (Maxi, 1985)

NME's Big Four:
Tom Waits, The Jesus And Mary Chain, Hüsker Dü, Trouble Funk
GB: NMEGIV3 (1986)
T.W.: Downtown Train (NME version)

In The Neighborhood / Singapore
GB: Island IS 260 (1986)

In The Neighborhood / Singapore / Tango Till They're Sore (live) / Rain Dogs (live)
GB: Island ISD 260 (Doppel-Single, 1986)

In The Neighborhood / Jockey Full Of Bourbon / Tango Till They're Sore (live) / 16 Shells From A Thirty-Ought-Six (live)
GB: Island IS 12260 (Maxi, 1986)

Hang On St. Christopher / Hang On St. Christopher (instrumental)
GB: Island 096750 (Maxi, 1986)

16 Shells / Black Mariah (live)
GB: Island IS 370 (1987)

16 Shells / Black Mariah (live) / Ruby's Arms (live)
Island IS 370 (Maxi, 1987)

► Bootlegs

Bounced Checks
LP: Excitable Recordworkers 4502-1 (U.S.)
1 Emotional Weather Forecast
2 On A Foggy Night
3 Warm Beer And Cold Women
4 Eggs And Sausage
5 Heart Of Saturday Night
6 Rosie
7 Diamonds On My Windshield
8 Spare Parts
9 Putnam County
10 Ol' 55
Los Angeles, Troubadour, 1975

The Days Of Wine And Roses
LP (Europa)

I Am Seeking For The Rest Of My Lonely Heart
LP: Shelter 121S25 (Europa)
1 Underground
2 Walking Spanish
3 Jockey Full Of Bourbon
4 Big Black Mariah
5 Downtown Train
6 Tango Till They're Sore
7 Ruby's Arms
8 A Sight For Sore Eyes
9 Eggs And Sausage
10 Invitation To The Blues
11 Take Care Of All Children
12 In The Neighborhood
Hamburg, 1986

I'll Take New York
LP (Europa)
New York 1987

I Sing You Under The Table
LP: TW 1 (2 LP) (Europa)
1 Underground
2 Walking Spanish
3 16 Shells From A Thirty-Ought-Six
4 Jockey Full Of Bourbon
5 Tango Till They're Sore
6 Part Of The Act
7 I Beg Your Pardon Dear
8 In The Neighborhood
9 Cemetery Polka
10 Down, Down, Down
11 Shore Leave
12 Rain Dogs
13 Big Black Mariah
14 Downtown Train
15 Introduction
16 $29.00
17 9th & Hennepin
18 New Orleans
19 Singapore
20 Blue Valentine
Frankfurt, Kongreßhalle, 12.11.1985

I Wish I Was In New Orleans
LP (Europa)

Italian Dream
LP (Europa)
San Remo 1986

Main Street
CD: LOB 010 (2 CD) (Europa)
New York, Bottom Line, 1976

► Gastauftritte

Bonnie Raitt – Homeplate
(Warner, 1975)
T.W.: Piano, Gesang

Martin Mull – I'm Everybody I've Ever Loved
(U.S.: ABC, 1977)
T.W.: Gastauftritt als Barkeeper in "Martin Goes And Does Where It's At"

Richie Cole – Broken Blossom
(U.S.: Muse, 1980)
T.W.: Gastauftritt am Schluß von "Waitin' For Waits" (erklärt, er habe vor der Session erst noch chinesisch essen gehen müssen)

Rolling Stones – Dirty Work
(Sony/Rolling Stones Records, 1986)
T.W.: Piano, Gesang in "Harlem Shuffle"

Roy Orbison & Friends – A Black And White Night
(Virgin, 1988)
T.W.: Piano, Gesang

► Coverversionen von Tom-Waits-Songs

Ian Matthews
Some Days You Eat The Bear... And Some Days The Bear Eats You
(Warner/Elektra, 1974)
Ol' 55
(auch enthalten auf *Discreet Repeat – Best Of*, 1980; nur als CD: Line)

The Eagles
On The Border
(Warner/Asylum, 1974)
Ol' 55

Tim Buckley
Sefronia
(Discreet, 1974)
Martha

Bette Midler
Songs For The New Depression
(Atlantic, 1976)
Shiver Me Timbers
Divine Madness
(Atlantic, 1980)
Shiver Me Timbers (live)

Eric Andersen
Be True To You
(Arista, 1975)
Ol' 55

Jack Tempchin
Jack Tempchin
(Arista, 1977)
Tijuana
(Gemeinschaftskomposition von Waits/Tempchin, anderweitig nicht erhältlich)

Richie Havens
Connections
(Elektra, 1979)
Ol' 55

Manhattan Transfer
Extensions
(Atlantic, 1980)
Foreign Affair

Rickie Lee Jones
Girl At Her Volcano
(Warner, 1983)
Rainbow Sleeves
(von Waits selber nie aufgenommen; RLJ-Version ist auch erhältlich auf dem Soundtrack-Album *King Of Comedy*, Warner, 1983)

English Country Blues Band
Home And Deranged
(nur GB: Rogue Records, 1983)
Tom Traubert's Blues

Paul Young
The Secret Of Association
(CBS, 1985)
Soldier's Things

Bruce Springsteen
Live 1975 – 1985
(CBS 1986)
Jersey Girl
(differierende Live-Version erhältlich auf der B-Seite der Maxi "Cover Me", CBS, 1984)

T-Bone Burnett
T-Bone Burnett
(MCA, 1986)
Time

Beat Farmers
The Pursuit Of Happiness
(Curb, 1987)
Rosie

Marianne Faithfull
Strange Weather
(Island, 1987)
Strange Weather

Patti Smith
Downtown Train
(Single: CBS, 1987)

Dion DiMucci
Yo Frankie
(Arista, 1989)
San Diego Serenade

Rod Stewart
Downtown Train
(Warner, 1989)
Downtown Train
(auch auf *The Best Of Rod Stewart*, Warner, 1989)

The Piano Has Been Drinking
The Piano Has Been Drinking
(BMG Ariola München, 1990)
(13 eingedeutschte Waits-Songs im Kölner Dialekt)

FILMOGRAPHIE

Paradise Alley (USA 1978)
Regie: Sylvester Stallone
Darsteller: Sylvester Stallone, Kevin Conway, Anne Archer, T.W.

Wolfen (USA 1981)
Regie: Michael Wadleigh
Darsteller: Albert Finney, Gregory Hines, Edward James Olmos, T.W.

One From The Heart (USA 1982)
Regie: Francis Ford Coppola
Darsteller: Frederic Forrest, Teri Garr, Raul Julia, Nastassja Kinski, Harry Dean Stanton, T.W.

The Stone Boy (USA 1982)
Regie: Chris Cain
Darsteller: Robert Duvall, Glenn Close, Frederic Forrest, T.W.

The Outsiders (USA 1983)
Regie: Francis Ford Coppola
Darsteller: Matt Dillon, Emilio Estevez, Patrick Swayze, Rob Lowe, Tom Cruise, Ralph Macchio, T.W.

Rumble Fish (USA 1983)
Regie: Francis Ford Coppola
Darsteller: Matt Dillon, Mickey Rourke, Dennis Hopper, Diane Lane, T.W.

Cotton Club (USA 1984)
Regie: Francis Ford Coppola
Darsteller: Richard Gere, Bob Hoskins, Fred Gwynne, Diane Lane, Gregory Hines, T.W.

Down By Law (USA 1986)
Regie: Jim Jarmusch
Darsteller: John Lurie, Roberto Benigni, Nicoletta Braschi, Ellen Barkin, T.W.

Ironweed (USA 1987)
Regie: Hector Babenco
Darsteller: Jack Nicholson, Meryl Streep, Carroll Baker, Fred Gwynne.

Big Time (USA 1988)
Regie: Chris Blum
T.W. live

Roy Orbison & Friends: A Black And White Night (USA 1988)
Konzertvideo (55 min.)
mit Roy Orbison, Jackson Browne, T-Bone Burnett, Elvis Costello, K.D. Lang, Bonnie Raitt, Steven Soles, J.D. Souther, Bruce Springsteen, Jennifer Warnes, T.W.

Candy Mountain
(Kanada/Frankreich/Schweiz 1988)
Regie: Robert Frank & Rudy Wurlitzer
Darsteller: Kevin J. O'Connor, Harris Yulin, Bulle Ogier, Roberts Blossom, Leon Redbone, Dr. John, Joe Strummer, T.W.

Cold Feet (USA 1989)
Regie: Robert Dornhelm
Darsteller: Keith Carradine, Sally Kirkland, Rip Torn, T.W.

Bearskin – Ausgespielt
(Portugal/England 1990)
Regie: Ann & Eduardo Guedes
Darsteller: T.W. u.a.

BIBLIOGRAPHIE

TOM WAITS – Wilde Jahre
Neue Texte aus Frank's Trilogie
Swordfishtrombones / Rain Dogs / Franks
Wild Years
144 Seiten, 19,6 x 12,3 cm, ISBN 3-923997-17-5
Wolke Verlag, Hofheim/Ts., 1987

Tom Waits
Alle Texte von Closing Time bis Rain Dogs
(englisch/italienisch)
340 Seiten
Arcana Editrice, Milano, 1986

Javier Pérez-Albéniz
Tom Waits
(Serie Rock/Pop)
(spanisch, mit Texten englisch/spanisch)
Ediciones Catedra, Madrid, 1990